COMPACT SPRACHFÜHRER
ENGLISCH

Übersetzung und Bearbeitung

David Jacobs

Lore Ziegler

© Compact Verlag GmbH, München
Redaktion: Katrin Lyda
Umschlaggestaltung: Inga Koch
ISBN 3-8174-4710-8
4747103

Alle Angaben wurden sorgfältig recherchiert und mehrfach überprüft.
Für Änderungen oder Abweichungen kann keine Haftung übernommen werden.

BENUTZER-INFORMATION

Dieser neue, praxisorientierte **COMPACT SPRACHFÜHRER** macht es möglich: Ohne Vorkenntnisse und – vor allem – ohne langes zeitraubendes Suchen, können Sie sich sofort und in jeder Situation problemlos verständlich machen.
Nützliche, situationsorientierte Insidertips und Hintergrundinformationen über Sitten, Land und Leute machen den **COMPACT SPRACHFÜHRER** zum kompetenten Reisebegleiter und -ratgeber.

Und so nutzen Sie den **COMPACT SPRACHFÜHRER** am besten:

Die praktische **A bis Z-Ordnung** sichert den schnellen Zugriff zu jedem gewünschten Begriff. Die beigefügten Standardsätze und Redewendungen ermöglichen es Ihnen, auf die Situation einzugehen und sofort zu sprechen.
Beispiel: Beim Stichwort »Zimmer« stehen verschiedene
Sätze zur Auswahl:
 Wo gibt es noch ein Zimmer?
 Haben Sie ein Zimmer mit Dusche oder Bad frei?
 Ich möchte ein Einzel-/Doppelzimmer.
Durch die Markierung des gesuchten Stichworts in den übersetzten Redewendungen durch Fettdruck können Sie den betreffenden Begriff leicht finden und mit einer anderen Redewendung kombinieren.

Die (kleiner gedruckte) **Aussprachehilfe** ist für »deutsche Zungen« maßgeschneidert: Einfach wie einen deutschen Text vorlesen, und schon wird man verstanden. Die schräg gedruckten Silben werden betont.
Ein »th« ist ein stimmloser Lispellaut. Zum üben legen Sie die Zungenspitze locker an die Unterkannte der oberen Schneidezähne und sagen »Baß«.

Andere Länder, andere Sitten. Die nützlichen, rot eingerahmten **Infokästen** geben über vielerlei Auskunft: von Sitten und Gebräuchen, über Verkehrsregeln und Auswahl der passenden Unterkunft, bis hin zum Verstehen der Getränke- oder Speisekarte.
Diese Infokästen befinden sich entweder direkt unter einem passenden Stichwort oder doch in unmittelbarer Nähe. Gegebenenfalls wird durch Pfeile auf sie verwiesen (z.B. → Unterkunft)
Der Grundwortschatz umfaßt die 400 wichtigsten Wörter, die sich vor oder während der Reise leicht einprägen und die für Reisefreude ohne Mißverständnisse sorgen. Er ist rot gedruckt und auf einen Blick zu erkennen.
Im **Anhang** finden sie wichtige Zusatzinformationen wie beispielsweise Alphabet, Zahlen, Wochentage, Monate, Maße und Gewichte übersichtlich aufgelistet und auf Anhieb griffbereit.

Außerdem werden fremdsprachige Hinweisschilder (Einbahnstraße, Parkverbot, Ziehen-Drücken) auf der letzten Seite übersetzt.

Gute Reise und viel Spaß unterwegs wünscht Ihnen die Redaktion.

Aal	an eel änn iel
ab: ab morgen	**from** tomorrow fromm tu*morrou*
ab ein Uhr	from one o'clock fromm wann oh klock
ab London	from London fromm *Lann*den
abbestellen: Ich bestelle... ab.	I want to **cancel**... ei wonnt tu *känn*sl
abbiegen: Wo müssen wir abbiegen?	Where must we **turn off**? wär masst wi töhrn off
rechts/links abbiegen	to turn left/right tu töhrn lefft/rait
Abblendlicht	dipped headlights dippt *hädd*la
Abend: Guten Abend!	Good **evening** gudd *iew*ning
morgen abend	tomorrow evening tu*morrou iew*ning
Das war ein toller Abend!	That was a great evening! thätt wos a greit *iew*ning

> Je nach Tageszeit benutzt man verschiedene Willkommens- und Abschiedsgrüße: Am Vormittag sagt man »good morning« (gudd *mohr*ning), am Nachmittag »good afternoon« (gudd ahfter*nun*), nach ca 18.00 Uhr, »good evening« und am späteren Abend »good night« (gudd nait).

Abendessen: Wann gibt es Abendessen?	What time is dinner/the **evening meal**? wott taim is *dinner*/thi *iew*ning *miel*

> Der allgemeine Begriff für Abendessen ist »evening meal«. Wenn das Essen die Hauptspeise des Tages ist (mehrere Gänge hat) oder in feierlichem Rahmen stattfindet, spricht man von »dinner«. Nimmt man am Abend nur etwas Leichteres zu sich (z. B. Tee, belegte Toastbrote, Gebäck), so nennt man das einfach »tea« (tie).

Abendkasse: an der Abendkasse	at the **box-office** ätt the *box offi*ss
abfahren: Wann und wo fährt der Bus/Zug nach .../in die City/zum Flughafen ab?	When and where does the bus/train to...the city centre/the airport **depart**? wenn änd wär das the bass/trein tu.../the *ci*ti *sen*ter/the *äir*port di*paht*?
Abfahrt	a **departure** ä di*paht*scher
Abfall	**litter/rubbish** *litt* er/*rabb*isch
Abfertigungsschalter	departure counter di*paht*scher *kaun*ter
abfliegen: Wann fliegt die Maschine nach ...ab?	When does the flight to ... **depart**? wenn das the flait tu ... di*paht*
Abflughalle: Wo ist die Abflughalle?	Where is the **departure lounge**? wär is the di*paht*scher launsch
Abflußrohr: Das Abflußrohr ist verstopft.	The **sink** is blocked the sink is blockt
Abführmittel: Ich brauche ein Abführmittel/einen Abführtee.	I need a **laxative**/laxative tea ei nied ä *läx*ätiw/*läx*ätiw tie

abgemacht! — agreed/OK äggried/oukei

abgestanden: Das Bier schmeckt abgestanden. — The beer tastes **flat**. the bier teists flätt.

abholen: Ich möchte...abholen. — I would like to **pick...up.** ei wudd laik tu pick...ap

Ich hole Sie/Dich ab. — I'll pick you up. ail pick ju ap

Abkürzung: Gibt es eine Abkürzung? — Is there a **short-cut**? is ther ä *short*katt

abreisen: Wir reisen morgen ab. — We're **leaving** tomorrow. wier *lie*wing tu*morrou*

absagen: Wir müssen leider absagen. — I'm afraid we'll have to **refuse**. eim e*freid* wiel häw tu rif*jus*

Absatz: Ich brauche neue Absätze. — My shoes need new **heels.** mai schus nied nju hiels.

abschalten — to switch off tu switsch off

abschleppen: Können Sie mich abschleppen? — Could you **tow** my car? kudd ju tou mai kaah

Abschleppseil — a tow-rope ä touroup

absichtlich: Das war Absicht! — You did that **on purpose**! ju did thätt on *pöh*pess

Abteil — a compartment ä komm*pah*tment

Abzug — a discount ä *diss*kaunt

Achse — an axle änn äxl

Achtung! — caution *ko*schnn

Adresse: Wie ist die genaue Adresse der ...? — What is the exact **address** of...? wot is thi ix*äkt* äd*ress* ow

ähnlich — similar *sim*miller

Aktentasche — a briefcase ä *brief*keis

Alarm — an alarm änn a*lahm*

Alkohol: Ist das mit Alkohol? — Does that contain **alcohol**? das thätt kon*tein* ä*l*koholl

Bitte, ohne Alkohol! — With no alcohol, please. with nou ä*l*koholl, plies

alkoholfreies Getränk/Bier: Ich möchte ein alkoholfreies Getränk/Bier. — I'd like a **non-alcoholic drink/beer**. eid laik ä nonn-älko*hol*lik drink/bier

alle: alle Tage — all days ohl deis

allein: Ich bin/wir sind allein hier. — I'm/we're alone here. eim/wier ä*loun* hier

Sind Sie/bist du allein hier? — Are you alone here? aah ju ä*loun* hier

allergisch: Ich bin allergisch gegen Pollen/Staub/Obst. — I'm **allergic** to pollen/dust/fruit. eim äl*löh*dschick to *po*llen/dast/fruht

alles: Das ist alles. — That's all thätts ohl

Alles Gute! — All the best! ohl the besst

als: als Ersatz — as a replacement ähs ä rip*lehss*ment

größer/kleiner als das — bigger/smaller **than** that bigger/smohler thänn thätt

alt: Wie alt sind Sie/bist du? How old are you? hau oold aah ju
Alter: ab welchem Alter? From what **age**? fromm wott äidsch
am: am Montag on Monday onn manndäi
 am 2. Juni on June 2nd onn dschun the *seck*end
 am Flughafen/Bahnhof at the airport/station ätt thi *äir*port/*stäi*schenn

 am schnellsten/besten the quickest/best way the *kwick*est/best wäi

Ampel
→ Verkehrsregeln. traffic-lights *träff*ick leits

Amt: Können Sie mir ein Amt geben? Could I have the **exchange** please? kudd ei häw thi ecks*tschäintsch* plies
→ Telefonieren.
an: an der Bar at the bar ätt the baah
 Die Heizung/Klimaanlage ist nicht an. The heating/air-conditioning is not on. the *hie*fing/er konn*disch*enning is nott onn
Ananas pineapple *pein*äppel
andere: der/die/das andere the other one thi atha wann
 Ich möchte ein anderes Zimmer. I'd like a **different** room. eid leik ä *diff*rent ruhm
 Gibt es noch einen anderen Weg? Is there a different path/way? is ther ä *diff*rent path/wäi
 Ich komme ein anderes Mal. I'll come another time. eil kamm*enatha* teim

ändern: Ich möchte diese Hose ändern lassen. I'd like to have these trousers **altered**. eid leik tu häw thies trausas *olt*ted
 Ich habe meine Pläne geändert. I've **changed** my plans. eiw tschändschd mei plänns
anders: irgendwo anders somewhere **else** *samm*wer *ells*
anfahren: Sie haben mein Auto angefahren. You've **hit** my car. juw hit mei kaah
Anfang start staht
anfangen: Wann fängt es an? When does it **start?** wenn daas itt staht
Anfänger: Ich bin ein Anfänger. I'm a **beginner**. eim ä bi*ginna*
angebrannt: Das Essen ist angebrannt. The meal is **burnt**. the miel is böhnt
angehen: Das geht mich nichts an! That's no **concern** of mine! thätts no konn*söhn* ow mein
Angel a fishing-rod ä *fisch*ing rodd
Angelerlaubnis permission to fish pöh*misch*enn tu fisch
Angelhaken a fishing-hook ä *fisch*ing huck
angeln: Ist Angeln hier erlaubt? Is **fishing** allowed here? is *fisch*ing e*laud* hier
Angelschein a fishing licence ä *fisch*ing *leiss*ens
angenehm: angenehm! Pleased to meet you!pliesd tu miet ju
 angenehme Reise/Ruhe/Aufenthalt Have a **nice** journey/rest/stay. häw a neiss *dschöh*ni/rest/stäi

7

Angst: Ich habe Angst. — I'm **afraid.** eim e*fraid*
Anhalter — a *hitch-hiker* ä *hitsch* heiker
 per Anhalter fahren — to hitch-hike tu *hitsch* heik
Anhänger — a trailer ä träila
ankommen: Wir sind gestern angekommen. — We **arrived** yesterday. wie a*reiwd* jest*a*däi
 Wann kommt der Zug an? — When will the train arrive? wenn will the träin arre*i*w
 Das kommt darauf/auf Sie an. — That **depends**/on you thätt de*pennds* onn ju
Ankunft — an arrival änn a*rrei*wel
Anlasser — a starter ä st*a*hta
anlegen: Wo legt das Schiff an/ab? — Where will the ship **dock**/depart from? wer will the schipp dock/di*paht* fromm
anmelden: Wo muß ich mich anmelden? — Where must I **check in?** wer masst ei tscheck inn
annehmen: Das kann ich nicht annehmen. — I can't **accept** that. ei kahnt äck*seppt* thätt
 Ich nehme es (nicht) an. — I (won't) accept (that). ei (woont)äck*seppt* (thätt)
Anorak — an anorak änn *änn*oreck
anprobieren: Ich möchte es anprobieren. — I'd like to try it **on.** eid leik tu trei itt onn
anrufen: Ich rufe Sie an. — I'll give **you a ring.** eil giw ju ä ring
anschalten: Können Sie das Gerät/Licht anschalten? — Can you **turn** the machine/light **on?** känn ju töhn the me*schin*/leit onn
Anschluß: Hat die Maschine Anschluß an...? — Does the flight provide a **connection** to...? daas the fleit pro*weid* ä kon*nek*schonn tu
Anschlußflug — a connecting flight ä kon*nek*ting fleit
ansehen: Das möchte ich mir ansehen. — I'd like to see that. eid leik tu sie thätt
Ansichtskarte — a postcard ä *poost*kahd
anspringen: Mein Wagen springt nicht an. — My car won't **start.** mei kaah woont staht
ansteckend: Ist das ansteckend? — Is it **catching?** is itt *kätt*sching

anstelle von — **instead of** inn*stedd* ow
anstrengend: Es ist sehr/zu anstrengend. — It's very/too **strenuous.** its *werr*i/tu *strenn*juess
Antibiotikum — an antibiotic änn ä*n*tibei*ot*fick
Antrag — a request ä ri*kwest*
Antwort: Ich warte auf Antwort — I'm waiting for your **answer.** eim wäiting for jur *ahn*sa
antworten: Was hat er geantwortet? — What was his **answer?** wott wos his *ahn*sa
Anzahlung: Ich mache gern eine Anzahlung. — I'll gladly put down a **deposit.** eil glädli putt daun ä di*posit*

anziehen: Ich ziehe mich an.	I'll **get dressed.** eil gett dresst
Ich muß mich erst anziehen.	I'll have to get dressed first. eil häw tu gett dresst föhst
Anzug	a **suit** ä sjut
Aperitif	an aperitif änn aperri*tif*
→ Getränkekarte	
Apfel	an **apple** änn *ä*ppel
Apfelkuchen	an **apple** pie änn äppel *pei*
Apfelsaft: Einen Apfelsaft bitte!	I'd like an **apple juice** please. eid leik änn *ä*ppel dschuhss plies
Apotheke: Wo ist die nächste Apotheke?	Where is the nearest **chemist's**? wer is thi nierest *kemm*ists

> Die normalen Öffnungszeiten gelten im allgemeinen auch für Apotheken. Diese Geschäfte entsprechen deutschen Drogerien und haben meistens für den Notfall auch eine Liste der nächstgelegenen Apotheken mit Spätdienst an der Tür angeschlagen.

Appetit: Guten Appetit!	Bon appetit! bonn appe*tie*
Ich habe keinen Appetit.	I'm not **hungry.** eim nott *hang*gri
Aprikose	an apricot änn *ä*prikott
Arbeit	work wöhk
arbeiten: Arbeiten Sie/ arbeitest du?	Do you go out to **work**? du ju go aut tu wöhk
ärgerlich: Das ist ärgerlich	That's **annoying.** thätts an*neu*ing
Arm: Mein Arm tut weh.	My arm hurts. mei ahm höhts
arm	**poor** puhr
Armband	a bracelet ä *bräiss*lett
Ärmel: Die Ärmel sind zu lang/kurz.	The **sleeves** are too long/short. the sliews aah tu long/schort
arrangieren: Können Sie das arrangieren?	Can you **arrange** that? känn ju er*räind*sch thätt
Art: diese Art von Hose	this **style** of trousers thiss steil ow trausas
nach Art von	Ö la ah lah
Arthritis	arthritis ahthr*ei*tiss
Arzt: Wo gibt es hier einen Arzt?	Where can I find a doctor? wär känn ei feind ä *dock*ta
Rufen Sie einen Arzt	Call a doctor. kohl ä *dock*ta
→ Ärztliche Versorgung.	
Aschenbecher: Bringen Sie mir einen Aschenbecher.	Would you bring me an **ashtray,** please. wudd ju bring mie änn *äsch*träi plies
Assistent/-in	an assistant änn äs*siss*tänt
Asthma: Ich habe Asthma.	I've got **asthma.** eiw gott *äss*thma
Atembeschwerden: Ich habe Atembeschwerden.	I have **difficulty breathing.** ei häw diffikalti *brieth*ing
Atmosphäre: Mir gefällt die Atmosphäre (nicht).	I (don't) like the **atmosphere.** ei (dohnt) leik thi *ät*mossfier

Ärztliche Versorgung

Kurzfristige ärztliche Behandlung ist für Touristen kostenlos. Bei nicht akuten Krankheiten oder Verletzungen kann man sich von einem praktischen Arzt (genannt »general practitioner« oder »GP«) behandeln lassen. Die Sprechstunden sind nicht einheitlich, aber im allgemeinen sind »general practitioners« von 9.00 bis 12.00 Uhr und von 16.00 bis 19.00 Uhr in ihrer Praxis erreichbar.

In Notfällen können Sie über den Notruf 999 einen Krankenwagen rufen oder ein Krankenhaus mit Ambulanz (»emergency unit«) aufsuchen. Wichtig: Nicht jedes Krankenhaus verfügt über eine Notaufnahme! Eine Liste praktischer Ärzte mit den jeweiligen Notdienstzeiten finden Sie in der Apo thekenecke (»dispensary«) der Apotheken.

Bei Problemen mit Brillen oder Kontaktlinsen hilft jeder Optiker (»opthalmic optician«).

Bei Zahnproblemen finden Sie bei einem »dentist« Abhilfe.

Auskünfte über deutschsprachige Ärzte in Großbritannien erhalten Sie von Ihrer Krankenkasse.

Attest: Bitte stellen Sie mir ein Attest aus.
Would you give me a **certificate** please.
wudd ju giw mië ä söh*tiffi*ket plies

attraktiv: Du bist/Sie sind sehr attraktiv.
You're very **attractive**.
jur we*rr*i ätt*rä*cktiw

Aubergine
an aubergine änn *oo*berdjien

auch: Ich auch
Me too mie tu
Ich mag das auch nicht
I don't like that **either**
ei dohnt leik thätt *ei*tha

auf: auf dem Tisch
on the table onn the täibl
auf englisch
in English inn *ing*glisch

aufbekommen: Ich bekomme... nicht auf.
I can't **open**...
ei kahnt *oh*pen

aufbrechen: Mein Wagen ist aufgebrochen worden.
My car's been **broken into.**
mei kaahs bien brooken *inn*tu

Aufenthalt: Wie lange hat der Zug/das Flugzeug Aufenthalt?
How long will the train/plane **stop** for?
hau long will the träin/pläin stopp for
Ich möchte meinen Aufenthalt abbrechen/verlängern
I'd like to cut short/prolong my **stay**.
eid leik tu katt short/pro*long* mei stäi

Aufenthaltsraum: Wo ist der Aufenthaltsraum?
Where is the **recreation room**?
wer is the reck*riä*ischen ruhm

Auffahrt: (Autobahn)
an entrance änn *enn*trens

aufhören: Hören Sie auf!
Stop that! stopp thätt
Wann hört das auf?
When will it **finish**? wenn will itt *finn*isch

aufmachen: Kann ich das Fenster aufmachen?
May I open the window?
mäi ei ohpen the *winn*do

aufpassen: Würden Sie auf mein Gepäck aufpassen?
Would you mind **looking after** my luggage? wudd ju meind *luck*ing *ah*ta mei *lagg*idsch

Aufpassen!	look out!	luck aut
aufräumen	to clear up	tu *klier* ap
aufregend	exciting	ick*sei*fing
aufschließen	to open	tu *oh*pen
aufschreiben: Schreiben Sie das bitte auf.	Please **take a note** of that.	plies täik ä noht ow thätt
Auftrag	an order	änn *or*da
Auf Wiedersehen	goodbye	gudd*bei*
Aufzug: Wo ist der Aufzug?	Where's the **lift**?	wers the lift
Jemand steckt im Aufzug fest!	Someone's stuck in the lift.	*samm*wanns stack inn the lift
Auge: Ich habe etwas im Auge.	I've got something in my **eye**.	eiw gott *samm*thing inn mei ei
Augenarzt → Ärztliche Versorgung.	an oculist	änn *ock*julist
Augenblick: Warten Sie einen Augenblick!	One **moment** please	wann *mo*ment plies
Augentropfen	eye-drops	*ei* dropps
Augenzeuge: Ich habe einen Augenzeugen.	I have an **eye-witness**.	ei häw änn ei *witt*ness
aus: Ich komme aus Deutschland/Schweiz/Österreich.	I come from Germany/Switzerland/Austria.	ei kamm fromm *dschö*männi/*switz*erländ/*oss*tria
Wie komme ich von hier aus nach...?	How do I get to...from here?	hau du ei gett tu...fromm hier
Ausfahrt: Welche Ausfahrt muß ich nehmen?	Which exit do I have to take?	witch *eck*sitt du ei häw tu täik
Ausflug: Ich möchte/wir möchten einen Ausflug unternehmen.	I/we would like to go on an **excursion**.	ei/wi wudd leik tu go onn änn ck-*skö*schn
Ausgang: Wo ist der Ausgang?	Where is the **exit**?	wer is the *eck*sitt
ausgeben: Soviel möchte ich nicht ausgeben.	I don't want to **spend** so much.	ei dohnt wonnt tu spennd so matsch
Ich gebe einen aus.	Let me **buy** you **a drink**.	lett mie bei ju ä drink
Ich gebe eine Runde aus.	Let me **buy** a **round**.	lett mie bei ä raund
ausgehen: Wollen wir zusammen ausgehen?	Shall we **go out** together?	shäll wie go aut tu*getha*
ausgezeichnet: Das Essen/die Vorstellung war ausgezeichnet	The meal/performance was **excellent**.	the miel/pöh*for*menss wos *eck*sellent
auskennen: Ich kenne mich hier nicht aus.	I don't **know my way around** here.	ei dohnt no mei wäi e*raund hier*
Auskunft: Ich brauche eine Auskunft.	I need some information.	ei nied samm infor*mäi*schenn
Ausland	abroad	e*brord*
Auslandsschutzbrief	international insurance policy	innter*näsche*nell in*schu*rens *pol*issi

11

ausleihen: Kann man hier Boote/Fahrräder/Autos ausleihen?
→ Fahrzeugverleih.
Can you **hire** a boat/bike/car here?
känn ju heir ä boot/beik/kaah hier

ausmachen: Macht es Ihnen etwas aus, wenn ich rauche?
Do you **mind** if I smoke?
du ju meind iff ei smook

Auspuff
an exhaust änn ick*sorst*

ausrichten: Können Sie das Herrn/Frau...ausrichten
Would you please **notify** Mr/Mrs...
wudd ju plies *no*tifei mister/missis

ausrufen: Können Sie Herrn/Frau...ausrufen lassen?
Would you please **call for** Mr/Mrs...
wudd ju plies korl for mister/missis

Ausrüstung
equipment ick*wipp*ment

ausscheren: Er ist einfach ausgeschert.
He just **swerved out**.
hie dschast swöhwd aut

ausschließen: Ich habe mich aus meinem Zimmer/Auto ausgeschlossen.
I've **locked** myself **out of** my room/car.
eiw lockt meiself aut ow mei ruhm/kaah

aussehen: Sie sehen gut aus.
You **look pretty**. ju luck *pri*tti

außerhalb: Liegt das (weit) außerhalb der Stadt?
Is that (far) out of town?
is thätt (faah) aut ow taun

äußerst: Das ist das Äußerste.
That's the **limit**. thätts the *lim*itt

ausspannen: Ich möchte einmal ausspannen.
I'd just like to **relax.**
eid dschast leik tu ri*läx*

aussprechen: Wie spricht man das aus?
How is that **pronounced?**
hau ist thätt pro*naun*sd

aussteigen: Wo muß ich aussteigen?
Where do I have to **get off?**
wer du ei häw tu gett off

Ausstellung: Wo gibt es eine Ausstellung über...?
Where is there an **exhibition** on...
wer ist ther änn ecksi*bisch*nn onn

Wie lange dauert die Ausstellung noch?
How long will the exhibition still run?
hau long will thi ecksi*bisch*nn *still rann*

Austern
oysters *eus*tas

Ausweis
ID card/passport ei *die* kaahd/*pahss*port

Auto
→ Fahrzeugverleih.
a **car** ä kaah

Autobahn: Wo ist die Autobahn nach...?
How do I get to the **motorway** to
hau du ei gett tu the *mo*tawäi tu

Autofähre
a car ferry ä *kaah* ferri

Autofahrer
a car driver ä *kaah* dreiwa

Automatik: Das ist ein Automatikauto.
That car is an **automatic.**
thätt kaah is änn orto*mät*tick

Autovermietung
a car-hire firm ä kaah heir föhm

Autowerkstatt: Wo ist die nächste Autowerkstatt?
Where's the nearest **garage?**
wers the *nier*est *gä*radsch

Babyflasche
a baby's bottle ä *bäi*bis *bott*l

Babysitter: Wir brauchen einen Babysitter!	We need a **baby-sitter**. wi nied ä *bäi*bi sitter
Babysitz	a baby seat ä *bäi*bi siet
Babytragetasche	a baby sling ä *bäi*bi sling
backbord	port pohrt
Bäckerei	a baker's ä *bäi*kas
Bad: Ich möchte ein Bad nehmen.	I'd like a **bath**. eid leik ä bahth
...mit Bad	...with **bathroom** with *bahth*ruhm
Badeanstalt	swimming baths *swimm*ing bahths
Badeanzug	a swimsuit ä *swimm*sjut
Badehose	trunks tranks
Bademantel	a bathrobe ä *bahth*roob
Bademeister	a pool attendant ä *pul* attendänt
Badetuch: Ich möchte ein frisches Badetuch.	I'd like a fresh **bath-towel**. eid leik ä fresch *bahth* taul
Badewanne: Die Badewanne ist verstopft.	The **bathtub** is blocked. the *bahth*tab is blockt
Badezimmer	a bathroom ä *bahth*ruhm
Bahn: Ich möchte mit der Bahn fahren. → Verkehrsmittel.	I'd like to go by **rail/train**. eid leik tu go bei räil/träin
Bahnhof: Wo ist der Bahnhof?	Where is the **railway station**? wer is the *räil*wäi *stäi*schnn
Bahnsteig: auf welchem Bahnsteig?	which **platform**? witsch *plätt*form
Bahnübergang	a level-crossing ä level *kross*ing
bald: Bis bald!	See you again soon! sie ju e*genn* sun
Ich brauche es so bald wie möglich.	I need it as soon as possible ei nied itt äs sun äs *poss*ibl
Balkon: mit Balkon	with balcony with *bäl*konni
Ball: Wo findet hier ein Ball statt?	Where is there a ball taking place here? wer is ther ä *bohrl* täiking pläiss hier
Ball spielen	to play a ballgame tu pläi ä *bohrl*gäim
Banane	a banana ä ba*nana*
Bank: Wo ist die nächste Bank?	Where is the nearest bank? wer is the nierest bank

---

Die Banken sind in der Regel Mo. – Fr. 9.30 – 15.30 Uhr geöffnet, in den Großstädten manchmal auch am Samstagvormittag. In Schottland muß man mit einer Mittagspause von 12.30 bis 13.30 Uhr rechnen, dafür haben größere Niederlassungen Do. 16.30 bis 18.00 Uhr geöffnet.

Bar → Essen und Trinken.	a bar ä baah
Bargeld: Ich habe kein Bargeld.	I've got no **cash**. eiw gott no käsch

Bart: Bartschneiden, bitte.

Please trim my **beard**.
plies trimm mei bierd

Batterie: Ich brauche neue Batterien!
Können Sie die Batterie laden?

I need some new **batteries.**
ei nied samm nju *bätt*eries
Can you charge the battery?
känn ju tchahdsch the *bätt*erie

Bauchschmerzen
stomach pains *stamm*äck päins

bauen: Wer hat das gebaut?
Who **built** that? hu billt thätt

Bauernhof: Urlaub auf dem Bauernhof
→ Unterkunft.

farm holidays
fahm *holli*däis

Baum
a tree ä trie

Baumwolle: Ist das reine Baumwolle?
Is that pure **cotton**?
is thätt pjur *kott*nn

bedeuten: Was bedeutet das?
What does that **mean?**
wott daas thätt mien

Bedienung: Bedienung!
Ist die Bedienung inbegriffen?
→ Essen und Trinken.

Waiter/Waitress! *wäi*a/*wäit*ress
Is a **service charge** included?
is ä *söh*wiss tchahdsch inn*klu*ded

Der Begriff »Waiter« entspricht dem deutschen »Herr Ober«, »Waitress« ist »Fräulein!«.

---

bedrohen: Er hat mich bedroht.
He **threatened** me. hie *thrett*end mie

beeilen: Beeilen Sie sich. bitte.
Please **hurry up**.
plies harri ap

beeindruckend: Das ist beeindruckend.
That's **impressive**.
thätts imm*press*iw

Beeren
berries *berr*ies

begeistert: Ich bin begeistert.
I think that's great.
ei think thätts gräit

behalten: Kann ich es behalten?
Behalten Sie es.

May I keep it? mäi ei kiep itt
Keep it. kiep itt

behindert: Das behindert mich.
Ich bin behindert.

That **hampers** me. thätt *hämm*pas mie
I'm **handicapped.** eim *hänn*dikäppt

Behörde: Welche Behörde ist responsible for that?
dafür zuständig?

Which **authority** is
witch or*thori*tie is ris*poni*bl for thätt

bei: Ich habe es nicht bei mir.
beim Arzt
bei diesem Wetter

I haven't got it with me.
ei häwwent gott itt with mie
at the doctor's ätt the *dok*tors
in this weather inn thiss wetha

beibringen: Können Sie mir...beibringen?
Could you **teach** me...
kudd ju tietsch mie

beide: Ich nehme beide
Wir kommen beide

I'll take both. eil täik booth
We'll both come wiel booth kamm

beides: Ich möchte beides.	I'd like **both**. eid leik booth
Ich möchte beides nicht.	I don't want **either**.
	ei dohnt wonnt ei*tha*
Beifahrer	a passenger ä *päss*endscha
Bein	a **leg** ä legg
Beispiel	an example änn ick*sampl*
Bekannten: Wo sind meine Bekannten?	Where are my **acquaintances**?
	wer aah mei a*ckwäin*tenses
bekommen: Wann bekomme ich es wieder?	When will I **get** it **back**?
	wenn will ei gett itt bäck
Das bekommt mir nicht.	That **disagrees** with me.
	thätt dissa*gries* with mie
belästigen: Diese Person belästigt mich.	This person is **pestering** me.
	thiss pöhsenn is *pes*tering mie
Ich fühle mich belästigt durch...	I feel I'm being **pestered** by...
	ei fiel eim bi-ing *pes*ted bei
Beleidigung	an insult änn *inn*sallt
Belichtungsmesser	a lightmeter ä *leit*mieta
benutzen: Kann ich...benutzen?	May I use...?
	mäi ei jus
Benzin: bleifreies Benzin	unleaded petrol ann*ledded pett*roll
Super	4-star for stah
Diesel	diesel diesel
Normal	2-star tu stah

Benzin ist in drei Qualitätsgraden erhältlich: 2-star = 91 Oktan, 3-star = 94 Oktan und 4-star = 97 Oktan. Der Preis ist meist sowohl pro Liter als auch pro Gallone (4,5l) angezeigt. Bleifreies Benzin ist inzwischen flächendeckend erhältlich.

bequem: Es ist (nicht) sehr bequem.	It is (not) very comfortable.
	itt is (nott) werri *camm*ftabl
Bergbahn: Wo ist die Bergbahn?	Where is the **mountain railway**?
	wer is the mauntenn *räil*wäi
Berge: in die Berge gehen	to go into the **mountains**
	tu go inntu the *maun*tenns
Bergführer	a mountain guide ä mauntenn geid
Berghütte	a mountain hut, ä mauntenn hatt
Bergsteigen	mountaineering mauntenn*nie*ring
Bergstiefel	a mountain boot ä mauntenn but
Bergwacht: Bitte verständigen Sie die Bergwacht.	Please call a **mountain rescue team**.
	plies kohrl ä mauntenn *res*kju tiem
Beruf: Was ist Ihr/dein Beruf?	What's your profession?
	wots jur pro*fesch*nn
beruhigen: Beruhigen Sie sich!	Calm down! kahm daun
Beruhigungsmittel: Ich brauche ein Beruhigungsmittel	I need a **sedative**.
	ei nied ä *sedd*etiw
beschädigt: Es ist beschädigt.	It's **damaged**. itts *däm*idschd

beschäftigt
Bescheid: Geben Sie mir bitte Bescheid.
Bescheinigung: Ich brauche eine Bescheinigung.
beschweren. Ich möchte mich beschweren.
besetzt: (im Restaurant) Ist hier besetzt?
besichtigen: Kann man das Schloß besichtigen?
besondere(r,s)
Besprechung
besser: Es geht mir besser.
Geht es Ihnen besser?
Das ist besser.
Besserung: Gute Besserung!

bestätigen: Bitte bestätigen Sie mir diesen Flug/den Termin.
bestehen: Ich bestehe darauf.
besteigen: Wir möchten den Turm/Berg besteigen.
bestellen: Wir möchten bestellen.
Wir haben schon bestellt.

Ich möchte ein Zimmer/einen Tisch bestellen für...
Das habe ich nicht bestellt.

Bestimmungsort
bestreiten: Das bestreite ich!
besuchen: Kann man ihn/sie besuchen?
Ich möchte...besuchen.
Betrieb: außer/in Betrieb

Betrug: Das ist Betrug!
betrügen: Ich bin betrogen worden!
betrunken: Er ist betrunken.
Betrunkener
Bett: Einzelbett/Doppelbett/ getrennte Betten
Ich möchte zu Bett gehen.

busy *bis*si
Please **let me know**.
plies lett mie no
I need a **certificate/receipt**.
ei nied ä söh*tiff*iket/*ri*siet
I'd like to **make a complaint**.
eid leik tu mäik ä komm*pläint*
Is this seat **taken**?
is thiss siet *täi*ken
Is the castle open to visitors?
is the kahsl ohpen tu *wi*sitors
special speschl
a meeting ä *mie*ting
I feel better. ei fiel *bet*ta
Do you feel better? du ju fiel *bet*ta
Thats better. thätts *bet*ta
I hope you feel better soon.
ei hoop ju fiel *bet*ta sun
Would you please **confirm** my flight/ appointment. wudd ju plies konn*föhm* mei fleit/*apeunt*ment
I **insist**. ei inn*sist*
We'd like to **to go up** the tower/mountain. wied leik tu go ap the *tau*a/*maun*tenn
We'd like to **order**.
wied leik tu *or*da
We've already ordered.
wie orl*reddi* or*d*ed
I'd like to **book** a room/table for...
eid leik tu buck a ruhm/täibl for
That's not what I ordered.
thätts nott wott ei *or*ded
a destination ä desst*inäi*schn
I **dispute** that! ei diss*pjut* thätt
Is it possible to **visit** him/her
is itt possibl tu *wi*sitt himm/höh
I'd like to visit... eid leik tu *wi*sitt
out of order/working properly
aut of *or*da/*wöh*king *prop*palie
That's a **swindle**! thätts ä swinndl
I've been **cheated**!
eiw bien *tchie*ted
He's **drunk**. hies drank
a drunk ä drank
single bed/double bed/separate beds
sing-gl bedd/dabbl bedd/*sepp*ret *bedd*s
I'd like to go to bed.
eid leik tu go tu bedd

Beule: (am Auto)	a dent ä dennt
(am Körper)	a bump ä bamp
Bevölkerung	**population** poppju*läi*schn
bewegen: nicht bewegen!	Don't **move**! dohnt muw
Bewegung: Ich brauche Bewegung	I need some **exercise**. ei nied samm *ecks*öhseis
beweisen: Ich kann es (nicht) beweisen.	I can (can't) **prove** it. ei känn (kahnt) pruw itt
bewußtlos: Er/sie ist bewußtlos	He/she is **unconscious.** hie/schie is ann*konn*schass
bezahlen: Ich möchte bezahlen.	I'd like to pay. eid leik tu päi
BH	a bra ä brah
Bibliothek	a library ä *leib*rerie
Biene	a bee ä bie
Bier: ein/zwei Bier, bitte.	A **beer**/two beers please. ä bier/tu biers plies
Haben Sie deutsches Bier?	Du you serve German beer? du ju söhw *dschöh*men bier
ein Bier vom Faß	a draught beer a drahft bier
ein helles/dunkles/ alkoholfreies Bier	a light/dark/alcohol-free beer ä leit/dahk/*äl*koholl-frie bier
Es gibt:	»pint« peint (ca. 0,5 l) oder »half pint« haf peint (ca. 0,3l).
→ Getränkekarte.	
Bikini	a bikini ä bi*ki*ni
Bild: Würden Sie/würdest du ein Bild von mir/uns machen?	Would you please take a **picture** of me/us? wudd ju plies täik ä *pick*tscher ow mie/ass
Billard	pool/billiards/bar billiards/snooker puhl/*bil*liards/bar *bil*liards/*snu*ka

In Großbritannien gibt es viele Billardarten. »Billiards« und vor allem »Snooker« sind komplizierte Spiele, die meistens nur in Clubs gespielt werden. In den Pubs aber hat der Tourist oft die Möglichkeit, sein Glück beim amerikanischen »pool« oder dem urenglischen »bar billiards« zu versuchen.

billig	cheap tschiep
Bindehautentzündung	conjunctivitis konndschankti*wei*fis
Binden: Haben Sie selbstklebende Binden?	Do you sell press-on **sanitary towels**. du ju sell press onn *sänni*tri tauls
Bindung (Ski)	a binding ä *bein*ding
Birne	a pear ä päir
bis: Bis morgen!	**Till** tomorrow! till tu*morro*
Bis hierher!	**up to** here ap tu hier
von 16 bis 17 Uhr	from four **to** five p.m. fromm for tu feiw pie emm

bißchen: ein bißchen a little ä littl
bitte: wie bitte? pardon? *pah*den
 Danke schön! - Bitte schön! Thank you - Don't mention it!
  thänk ju - dohnt menschen itt
 bitte ohne/mit/nur... without/with/only...please
  with*au*t/with/*ohn*li...plies
bitten: Darf ich um diesen May I have this dance?
 Tanz bitten? mäi ei häw thiss dahns
bitter **bitter** *bit*ta
Blähungen wind winnd
Blase: Ich habe Blasen an den I've got **blisters** on my feet.
 Füßen. eiw gott *blis*tas onn mei fiet
Blasenentzündung inflammation of the bladder
  innfle*mäi*schon ow the *blädd*a
blaß pale päil
Blatt: Haben Sie ein leeres Have you got a clean **sheet of paper**
 Blatt für mich? for me? häw ju gott ä klien schiet ow
  *päi*pa for mie
blau blue blu
bleiben: Bleiben Sie doch **Stay** a little longer
 noch! stäi ä littl *long*-ga
 Ich bleibe hier. I'll stay here. eil stäi hier
bleifrei: Haben Sie blei- Do you sell **unleaded** petrol?
 freies Benzin? du ju sell ann*ledd*ed *pett*roll
Bleistift a pencil ä *penn*sill
blenden: Ich bin/war durch I am/was **dazzled** by the sun.
 die Sonne geblendet. ei ämm/wos *däss*eld bei the sann
Blick: mit Blick auf... with a view of... with ä wju ow
blind: Er/sie ist blind. He/she is **blind**. hie/schie is bleind
Blinddarmentzündung appendicitis apendi*sei*tis
Blinker: Er hat seinen Blin- He didn't use his **indicator**.
 ker nicht gesetzt. hie diddnt jus hiss *inn*dikäita
Blitz: Der Blitz hat hier **Lightning** has struck here.
 eingeschlagen. *leit*ning häs strack hier
Blitzlicht a flashlight ä *fläsch*leit
blockiert: Die Räder haben The wheels have **jammed**.
 blockiert. the wiels häw dschämmd
blöd stupid stju*pidd*
blond blond blond
Blume a flower ä *flau*a
Blumenkohl a cauliflower ä *kolli*flaua
Blumenstrauß a bouquet ä bu*käi*
Bluse a blouse ä blaus
Blutdruck: Ich habe hohen/ I have high/low **blood pressure**.
 niedrigen Blutdruck. ei häw hei/loo bladd *presch*a
bluten: Er/sie blutet. He/she is **bleeding**. hie/schie is *blie*ding
Blutgruppe: Ich habe/er hat My/his **blood-group** is...
 Blutgruppe... mei/his bladd grup is

18

Bluttransfusion: Er/sie braucht eine Bluttransfusion.	He/she needs a **blood transfusion**. hie/schie nieds ä bladd tränns*fju*schn
Boden: auf dem Boden	on the floor/ground onn the flor/graund

> Den Boden in einem Haus nennt man »floor«, den im Freien dagegen »ground«.

Bohnen	beans biens
Boje	a buoy ä beu
Boot	a **boat** ä boot
Bootsfahrt	a boat-trip ä boot tripp
Bootsverleih	boat-hire firm boot heir föhm
→ Fahrzeugverleih.	
Bord: an Bord	on **board** onn bord
Mann über Bord!	Man **overboard**! männ *ow*erbord
Bordkarte	a boarding card ä *bor*ding kahd
Botanischer Garten	a botanical garden ä bo*tänn*ikl gardn
Botschaft: Wo ist die ... Botschaft?	Where is the...**embassy**? wer ist the...*em*bessi
Botschafter	an ambassador änn em*bess*eda
Brandsalbe	an ointment for burns änn *eunt*ment for böhns
Brandwunde: Haben Sie etwas gegen Brandwunden?	Have you got something for **burns**? häw ju gott *samm*thing for böhns
braten: nichts/etwas Gebratenes	nothing/something **roast** *nath*ing/*samm*thing roost
Brathähnchen	a roast chicken ä roost *tchick*en
Bratkartoffeln	roast potatoes roost po*tah*tos
Bratpfanne	a frying-pan ä *frei*ing pänn
Brauch: Ist das hier Brauch?	Is that the **custom** here? is thätt the *kass*tem hier
brauchen: Ich brauche ein...	I **need** a... ei nied ä
braun	brown braun
brechen: Ich glaube, mein... ist gebrochen.	I believe my...is **broken**. ei bi*liew* mei...*is broo*kn
Ich habe/er hat gebrochen.	I have/he has been **sick**. ei häw/hie häs bien sick
breit	wide weid
Bremse: Die Bremsen nachsehen, bitte!	Please check the **brakes**. plies tcheck the bräiks
bremsen: Er/sie hat nicht gebremst.	He/she didn't **brake**. hie/schie didnt bräik
Ich mußte plötzlich bremsen.	I had to brake suddenly. ei hädd tu bräik *sadd*enli
brennen: Das Haus brennt!	The house is **on fire**! the haus is onn feir
Die Salbe brennt!	The ointment **stings**! thi *eunt*ment stings
Brettspiele	board-games bord gäims

Brief	a **letter** ä *let*ta
Brieffreund	a pen-friend ä penn frend
Briefkasten: Wo ist der nächste Briefkasten?	Where is the nearest **letter-box**? wer is the *nier*est *let*ta bocks

> In Großbritannien sind die Briefkästen rot; sie werden ca. viermal täglich geleert, auf dem Land seltener, und am Wochenende nicht nach 12.00 Uhr.

Briefmarken: Briefmarken, bitte!	Some **stamps**, please. samm stämmps plies

> Briefmarken sind nur in Postämtern erhältlich.

Briefpapier	writing-paper *reit*ing päipa
Brieftasche: Ich habe meine Brieftasche verloren/vergessen.	I've lost/forgotten my **wallet**. eiw losst/for*gotten* mei *wol*let
Briefumschlag	an envelope änn *enn*weloop
Brille: Ich kann meine Brille nicht finden.	I can't find my glasses. ei kahnt feind mei *glah*sses
bringen: Bringen Sie mich bitte zum Flughafen/Bahnhof! Bringen Sie mein Gepäck bitte ins Hotel.	**Take** me to the airport/station please. täik mie tu thi *äir*port/*stäi*schonn plies Please take my luggage into the hotel. plies täik mei *lag*idsch inntu the hot*el*
Brosche	a brooch ä *broot*sch
Brot: Noch etwas Brot, bitte.	Could I have some more bread please. kudd ei häw samm mohr bredd plies
Brötchen	a roll ä rool
Brücke	a bridge ä bridsch
Bruder: Das ist mein Bruder.	This is my brother. thiss is mei *brat*ha
Brust	a chest ä tchesst
Buch: Haben Sie deutschsprachige Bücher?	Have you got **books** in German? häw ju gott bucks inn *dschöh*men
buchen: Ich möchte einen Flug buchen nach...	I'd like to **book** a flight to... eid leik to buck ä fleit tu
Buchhandlung	a bookshop ä *buck*schopp
Buchung	a booking ä *buck*ing
Buffet	a buffet ä *baff*äi
Bügeleisen	an iron änn *ei*en
bügeln: Bitte bügeln Sie das auf.	Please **iron** this. plies *ei*en thiss
Bummel: Ich mache/wir machen einen Bummel.	I'm/we're going for a **stroll**. eim/wier going for ä strool
Bummelzug	a slow train ä sloo träin
bunt	colourful *kalla*full
Burg	a castle ä kahssl
Büro	an office änn *off*iss

Bus: Welcher Bus fährt nach ...?
Wohin fährt dieser Bus?

Which bus goes to...?
witch bass gos tu
Where does this bus go to?
wer daas thiss bass go tu

→ Verkehrsmittel.
Bushaltestelle: Wo ist die Bushaltestelle?
Where is the **bus stop**?
wer is the bass stopp
Bußgeld
fine fein
Café: Welches Café ist empfehlenswert?
Which café would you recommend?
witch *käff*äi wudd ju recko*mend*
→ Essen und Trinken.
Campingplatz: Wir suchen einen Campingplatz!
We're looking for a **campsite**.
wier lucking for ä *kämmp*seit
→ Unterkunft.
chaotisch
chaotic käio*ttick*
Chef: Ich möchte den Chef sprechen.
I'd like to talk to the **chef.**
eid leik tu tork tu the scheff
Chips (Kartoffelchips)
crisps krisps
Choke
a choke ä tchook
Cousin/-e: meine(e) Cousin/-e
my cousin mei *ka*sen
da: Ist Peter da?
Is Peter **there?** is pieta ther
diese da
this **one** thiss wann
da drüben/vorn/hinten
over there owa ther
Dach: auf dem Dach
on the roof onn the ruf
dahin: Wie komme ich dahin?
How do I get **there**? hau du ei gett ther
damals: Damals war alles anders.
Everything was different **in those days**.
*ew*rithing wos *diff*rent inn thoos däis
Dame
a lady ä *läi*di
Damenbinde
a sanitary towel ä *sänn*itri taul
Damentoilette: Wo ist die Damentoilette?
Where is the **ladies' toilet?**
wer is the läidis *teu*let
Dämmerung: (morgens)
dawn dorn
(abends)
dusk dask
Dampfer
a steamer ä *stie*ma
danke: vielen Dank!
Thank you very much.
thänk ju werri matsch

Nein/ja danke!
No thank you/yes please
no thänk ju/jess plies

Nichts zu danken!
Don't mention it! dohnt *mensch*en itt
dann
then thenn
das: Das ist teuer.
That is expensive. thätt is icks*pen*siw
(Das ist) meine Frau/ mein Mann.
(**This** is) my wife/husband.
(thiss is) mei weif/*has*bend
Ich möchte das da.
I'd like that one. eid leik thätt wann
Datum: Welches Datum ist heute?
What's the **date** today?
wotts the däit tu*däi*
→ Anhang, Datum.
dauern: Wie lang dauert die
How long will the performance **last?**

Vorstellung?	hau long will the pöh*for*menss lahst	
Das dauert lange!	It's **taking** a long time.	
	itts *täi*king ä long teim	
Dauerwelle	a perm ä pöhm	
Daumen	a thumb ä thamb	
Deck: an Deck	on **deck** onn deck	
Decke: Kann ich noch eine Decke haben?	Could I have another **blanket**? kudd ei häw e*natha* blän*ck*ett	
Deckel: Der Deckel schließt nicht	The **lid** doesn't shut. the lidd daasnt schatt	
defekt: Das Radio ist defekt.	The radio **doesn't work**. the räidio daasnt wöhk	
dein: Ist das dein.../	Is that your.../is that yours?	
ist das deins?	is thätt jur.../is thätt jurs	
sind das deine.../	Are those your.../are those yours?	
sind das deine?	aah thoos jur.../aah thoos jurs	
Delikatessengeschäft	a delikatessen ä delike*tess*en	
denken: Denken Sie/denke daran!	Bear that in mind! bär thätt inn meind	
Deodorant	a deodorant ä di*oh*derent	
deprimiert	depressed di*presst*	
der, die, das:	the the	
der-/die-/dasselbe	the same the säim	
Desinfektionsmittel	a disinfectant ä dissin*fek*tent	
Deutsche/-r:	a German ä *dschöh*men	
die Deutschen	the Germans the *dschöh*mens	
Ich bin Deutsche/Deutscher.	I'm German. eim *dschöh*men	
Deutschland	Germany *dschöh*menie	
Devisen	foreign currency forrinn *ca*ransi	
Dia: Ich brauche einen Diafilm.	I need a film for taking **slides.** ei nied ä film for täiking sleids	
Diabetiker: Ich bin Diabetiker.	I'm **diabetic.** eim deia*bet*tick	
Diagnose: Wie lautet die Diagnose?	What's the **diagnosis**? wotts the deia*g*nosis	
Diamant	a diamond ä *dei*amend	
Diät: Ich muß Diät halten.	I have to keep to a **diet**. ei häw tu kiep tu ä *dei*et	
dich: Das Geschenk ist für dich.	The **present's** for **you**. the *pres*ents for ju	
Ich verstehe dich nicht.	I don't understand you. ei dohnt an*der*stand ju	
Dichtung (Technik)	a seal ä siel	
dick (Mensch)	fat fätt	
Dieb: Haltet den Dieb!	Stop that **thief**! stopp thätt thief	
dieser, diese, dieses:		
(Singular)	this thiss	
(Plural)	those thoos	

Ding	a **thing** ä thing
dir: mit dir	with **you** with ju
Ich schenke es dir.	I'll give it to you. eil giw itt tu ju
direkt: Gibt es eine direkte Verbindung?	Is there a **direct** connection? is ther ä dei*rekt* kon*nek*schn
Diskothek: Gibt es hier eine Diskothek?	Is there a **discotheque** here? is ther ä *diss*koteck hier
Dokument	a document ä *dock*jumennt
Dolmetscher: Ich brauche/wir brauchen einen Dolmetscher.	I/we need an **interpreter.** ei/wie nied änn inn*töh*pretta
Donner	thunder *thann*da
Doppel: Spielen wir ein Doppel?	Shall we play **doubles**? shäll wie pläi dabbls
Doppelbett	a double bed ä dabbl *bedd*
doppelt: doppelt soviel	**twice** as much tweiss äs matsch
einen doppelten Whisky	a double whisky ä dabbl *wiss*ki
Doppelzimmer: Haben Sie ein Doppelzimmer frei?	Have you got a **double room** free? häw ju gott ä dabbl *ruhm* frie
Dorf: Wie komme ich ins Dorf?	How do I get to the village? hau du ei gett tu the *will*dsch
Dose: Eine Dose Bier/ôl	a **can** of beer/oil ä känn ow bier/eul
Dosenöffner	a tin-opener ä tinn ohpenna
Dosierung: In welcher Dosierung?	In what **dosage**? inn wott *doo*sidsch
Drachenfliegen	hang-gliding häng *glei*ding
Draht	a wire ä weir
draußen: Wir möchten draußen sitzen.	We'd like to sit outside. wied leik tu sitt aut*seid*
dringend: Es ist dringend.	It's **urgent** itts *öhrd*schennt
drinnen: Wir möchten drinnen sitzen.	We'd like to sit **inside.** wied leik tu sitt inn*seid*
dritte/r/s	third thöhd
Droge	a drug ä dragg
Drogerie	a chemist's (shop) ä *kemm*ists (schopp)
Drohung: Das war eine Drohung	That was a **threat**! thätt wos ä thrett
drüben: dort drüben	over there owa ther
Drucksache	printed matter prinnted mätta
du: bist Du...?	Are you...? aah ju
dumm	stupid *stju*pidd
dunkel: Wann wird es dunkel?	When does it get dark? wenn daas itt gett dahk
dünn	thin thinn
durch	through thru
durchbrennen: Die Sicherung/ Glühbirne ist durchgebrannt.	The fuse/bulb has **blown.** the fjus/balb häs bloon
Durcheinander	a muddle ä maddl
Durchfall: Haben Sie etwas	Have you got something against

gegen Durchfall?
diarrhoea? häw ju gott *samm*thing egänst deia*riea*

dürfen: darf ich...? May I...? mäi ei
 Ich darf nicht/nur... I may not/only... ei mäi nott/*ohn*li
Durst: Ich habe Durst. I'm thirsty. eim *thöh*sti
Dusche: mit Dusche with **shower** with *schau*a
 Wo sind die Duschen? Where are the showers?
 wer aah the *schau*as

Ebbe: Wann ist Ebbe? When is **low tide**? wenn is loo teid
echt: Ist das echt? Is that **genuine**? is thätt *dschenn*juin
Ecke: um die/an der Ecke round the/at the **corner**
 raund the/ätt the *ko*ma

egal: Das ist egal. That doesn't matter. thätt daasnt mätta
Ehepaar a married couple ä märried kappl
ehrlich: ehrlich? really? rierli
Ei: ein weiches/hartes Ei a hard-/soft-boiled egg ä hahd/sofft beuld egg

eifersüchtig jealous *dschell*ass
Eilbrief an express letter änn ex*press letta*
eilig: Ich habe es sehr eilig. I'm in a real **hurry.** eim inn ä riäl harri
Eilpaket an express delivery parcel
 änn ix*press* de*li*weri pahssel

Eilsendung an express delivery
 änn ix*press* de*li*weri

ein: Ich möchte (nur) eins. I (only) want one. ei (ohnli) wonnt wann
einbrechen: In mein Zimmer/ Someone's **broken into** my room/car.
 Auto ist eingebrochen worden. *samm*wanns brookn inntu mei ruhm/kaah
Einbrecher a burglar ä *böh*gla
einfarbig unicolour junikalla
Einfuhrbestimmungen import regulations
 import regju*läi*scho

Einfuhrbeschränkungen bestehen vor allem für folgende Artikel: Fleisch, Geflügel, Tiere, Waffen, Munition, einige Radiotypen. Nähere Angaben erhalten Sie von der britischen Botschaft bzw. bei einem der britischen Konsulate

---

Eingang: Wo ist der Eingang? Where's the entrance?
 wers the *enn*trens

einige: einige Gäste a few guests ä fju gessts
 einige Stunden/Tage/Wochen a few hours/days/weeks
 ä fju auas/däis/wieks

einkaufen: Wo kann man hier Where can you buy food/clothes here?
 Lebensmittel/Kleidung ein- wer känn ju bei fud/klooths hier
 kaufen?
 → Einkaufen.
einladen: Darf ich Sie zu Can I **invite** you to a party?
 einer Party einladen känn ei in*weit* ju tu ä pahti

Einladung: Vielen Dank für die Einladung.

Thank you for the **invitation**.
thänk ju for thi inwit*täi*schn

Die Briten sind allgemein weniger förmlich als Besucher aus deutschsprachigen Ländern. Bei privaten Einladungen wird nur höchst selten ein Abendanzug bzw. -kleid erwartet. Eine Blumen- oder Konfektgabe ist angebracht aber nicht Pflicht. Zu förmlichen Anlässen sind Krawatte und Jackett vorgeschrieben.

---

einmal: Waren Sie schon einmal hier?
noch einmal, bitte.

Have you been here **before**?
häw ju bien hier bi*for*
Once **more** please. wanns mohr plies

Einkaufen

Im allgemeinen sind die Geschäftszeiten Mo.-Sa. 9.00-17.30 Uhr. In Kleinstädten und entlegenen Vororten und Dörfern muß man mit einer Stunde Mittagszeit rechnen, meist von 13.00-14.00 Uhr. Dort wird auch oft noch an einem geschäftsfreien Nachmittag in der Woche (»early closing day«) festgehalten. In den meisten Städten bleiben die Geschäfte an einem Abend in der Woche länger geöffnet, meist bis 20.00 Uhr.

Als Souvenirs geeignete englische Spezialitäten: Wedgewood-Porzellan, Dartington-Glas, Liberty-Tücher und Stoffe, Burberry-Regenmäntel; eine interessante Quelle für ausgefallenere Gegenstände und Bücher sind die reichhaltig ausgestatteten Museumsläden.

In Schottland sind Tweedstoffe, Stricksachen aller Art, Tartan-Stoffe, Kilts und Whisky die vertrauten Spezialitäten; daneben das Edinburgher Bleikristall.

In Wales kann man auf dem Land noch vielerlei Gewebtes, Geschnitztes und Getöpfertes erwerben. Benutzen Sie die Broschüre »Crafts in Wales« des Britischen Fremdenverkehrsverbands (BTA) als Leitfaden. Nordirland bietet an Spezialitäten besonders Leinen. Weniger bekannt ist die hervorragende Qualität des nordirischen Whiskeys aus der ältesten Whiskey-Destillerie der Welt in Bushmills, Antrim.

---

einpacken: Packen Sie es bitte ein.
einsam
einschließen: Schließen Sie das bitte in den Safe ein.
Er/sie hat sich eingeschlossen

Please **wrap** it **up**.
plies repp itt ap
lonely *lohn*li
Please **lock** this in the safe.
plies lock thiss inn the säif
He/she has **locked** himself/herself **in**
hie/schie häs lockt himself/höhself inn

Einschreiben: per Einschreiben
Eintritt: Wie hoch ist der Eintritt?

by **registered mail** bei *red*schistäd mäil
How high is the **admission charge**?
hau hei is the äd*misch*n tchahdsch

Eintritt frei | admission free ädmischn frie
Eintrittskarte: eine Eintrittskarte für Kinder/Erwachsene | a children's/an adult's **ticket**. ä tchilldrens/änn ädallts ticket
einverstanden: Einverstanden? Einverstanden! | Agreed? Agreed! äggried
Einwohner: Wieviele Einwohner ...? | How many **inhabitants** has...got? hau mennis innhäbitents häs...gott
Einzelzimmer: Haben Sie ein Einzelzimmer frei? | Have you got a **single room** free? häw ju ä sing-gl ruhm frie
einzig: Ist das die einzige Möglichkeit? | Is that the **only** option? is thätt thi ohnli opschn
Eis: ein (gemischtes) Eis, bitte | an **ice-cream (mixed ice)** please änn eis kriem (mixt eis) plies
Whisky mit viel Eis | whisky with lots of **ice** wisski with lotts ow eis

Eisbecher | an ice-cream sundae änn eis kriem sanndäi

Eisdiele | an ice-cream parlour änn eis kriem pahla

eiskalt | ice-cold eis koold
Eispickel | an ice-pick änn eis pick
elastisch: elastische Binde | **elastic** bandage elässtick bänndidsch
elegant | elegant ellegent
Elektriker | an electrician änn elektrischen
elektrisch | electric elektrick
Ellbogen | an elbow änn ellboo
Eltern: meine Eltern | my parents mei päirents
Empfang: am Empfang | at the **reception desk** ätt the risepschn desk

Empfangschef | a reception-clerk ä risepschn klahk

Empfangsdame | a receptionist ä risepschnist

empfehlen: Was können Sie empfehlen? | What would you **recommend**? wott wudd ju reckomend
Ende: Ist es zu Ende? | Has it finished? häs itt finischt
am Ende der Straße/Woche | at the end of the road/week ätt thi end ow the rood/wiek

endlich | at last ätt lahst
Endstation: Wie heißt die Endstation? | What's the name of the **last stop**? wotts the näim ow the lahst stopp
eng: Das ist mir zu eng. | That's too **tight** for me. thätts tu teit for mie

Engländer/-in | an Englishman/Englishwoman änn ing-glisch menn/ing-glisch wummen

englisch: Ich spreche kein Englisch. | I don't speak any **English.** ei dohnt spiek enni ing-glisch

Enkel: mein Enkel — my **grandson** mei *gränn*dsann
Enkelin: meine Enkelin — my granddaughter mei *gränn*ddorta
Ente — a duck ä dack
Enteiser — a de-icer ä die *eisser*
Entfernung: Wie groß ist die Entfernung nach...? — How far is it to...? hau fah is itt tu
entscheiden: Ich kann mich nicht entscheiden. — I can't **make up my mind**. ei kahnt mäik ap mei meind
Entschuldigung! — I beg your pardon ei begg jur *pah*den
Enttäuschung: Das ist eine Enttäuschung! — That's a **disappointment**. thätts ä dissap*peunt*ment
entweder... oder... — either... or... *ei*tha...ohr
entwickeln: Können Sie diesen Film entwickeln? — Can you **develop** this film? känn ju di*velo*pp thiss film
Entzündung — an inflammation änn inflam*mäi*schen
er: Er ist. — He is. hie is
Er hat. — He has. hie häs
Erbsen — peas pies
Erdbeeren — strawberries *stror*berries
Erdgeschoß: im Erdgeschoß — on the **ground floor** onn the graund flor
Erfolg: Ich hatte (keinen) Erfolg. — I was (un)**successful**. ei wos (ann)sack*sess*full
Viel Erfolg! — All the best! ohrl the best
erkältet: Ich bin erkältet. — I've got a **cold**. eiw gott a koold
erklären: Erklären Sie mir das, bitte — Please explain that to me. plies ick*spläin* thätt tu mie
erkundigen: Wie kann ich mich nach...erkundigen? — How can I **find out about...**? hau känn ei feind aut e*baut*
erlaubt: Ist das (nicht) erlaubt? — Is that (not) **allowed**? is thätt (nott) e*laud*
Ermäßigung: Gibt es eine Ermäßigung für Kinder/Studenten/Rentner? — Is there a **reduction** for children/students/pensioners? is ther ä ri*dak*schenn for tchilldren/stjudents/*pen*schenas
ernst: Das ist ernst gemeint. — That's meant **seriously**. thätts mennt sie*riä*sli
erreichen: Wie kann ich Sie/dich erreichen? — How can I **contact** you? hau känn ei *konn*täkt ju
Ersatzrad — a spare wheel ä späir wiel
Ersatzteil — a spare part ä späir paht
erschöpft: Ich bin erschöpft. — I'm **exhausted**. eim ick*sors*ted
erst: Wir sind/ich bin gerade erst gekommen. — We've/I've **only** just arrived. wiew/eiw ohnli dschast arr*eiwd*
erst heute — only today ohnli tu*däi*
Erste Hilfe — first aid föhst äid
erste(r): am 1. August — on August the **first** onn *or*gasst the föhst

Ich bin Erster (geworden).	I came first ei käim föhst
das erste Mal	the first time the föhst teim
ertrinken	to drown tu draun
erwarten: Ich erwarte einen Anruf/Freund.	I'm **expecting** a call/friend. eim eck*speck*ting a kohrl/frend
Ich erwarte dich/Sie um...	I'll expect you at... eil eck*speckt* ju ätt
es: Es ist sehr ...	It is very... itt is we*rri*
Essen: Das Essen ist...	The food is... the fud is
vor/nach dem Essen	before/after the meal bi*for/ahf*ta the miel
→ Essen und → Trinken.	
essen: Ich möchte etwas/eine Kleinigkeit essen.	I'd like to eat something/a little something eid leik tu iet *samm*thing/ä littl *samm*thing
Wollen wir zusammen essen (gehen)?	Shall we **go for a meal** together? shäll wie go for ä miel tu*geth*a
Wo kann man hier gut essen?	Where is there a good place to eat round here? wer is ther ä gudd pläiss tu iet raund hier
Essig: Bitte bringen Sie uns Essig und Öl.	Please would you bring the vinegar and oil. plies wudd you bring the *winn*negga änd eul
Etage: In welcher Etage?	On what **floor**? onn wott flor
in der 3. Etage	On the third floor on the thöhd flor
Etagenbett	a bunk bed ä bank bedd
Etikett	a label ä läibl
etwa: etwa eine Woche	about a week e*baut* ä wiek
etwas: Kann ich etwas Brot/ Wein/Wasser haben?	Could I have some bread/wine/water? kudd ei häw samm bredd/wein/worta
euch: mit Euch	with you with ju
euer: Ist das euer.../ist das euer?	Is that your ../is that yours? is thätt jur.../is thätt jurs
Sind das eure.../sind das eure?	Are those your.../are those yours? aah thoos jur.../aah thoos jurs
Europa	Europe *ju*ropp
evangelisch	Protestant *prott*esstent
Examen	an examination änn ecksämmi*näi*schn
Experte: Können wir einen Experten hinzuziehen?	Could we call in an **expert**? kudd wie kohrl in änn *eck*spöht
Export	export *eck*sport
Expreß: per Expreß	by **special delivery** bei speschl de*liw*eri
extra: Kostet das extra?	Is there an **extra** charge for that? is ther änn *ex*tra tchahdsch for thätt
einen Tag extra	an extra day änn *ex*tra däi
Fabrik	a factory ä *fäck*tori
Faden: Haben Sie Nadel und Faden?	Do you have needle and **thread**? du ju häw niedl änd thredd

Essen und Trinken

Das englische Essen ist weitaus besser als sein Ruf, und seine Traditionen werden wieder bewußt gepflegt.
Das englische Frühstück besteht aus Cereal (Getreideflocken) und Saft, gebratenen Eiern mit Speck (bacon), Würstchen, Tomaten und Pilzen, oder gegrilltem Fisch, gefolgt von Toast und Orangenmarmelade und wird von vielen Besuchern für die beste Mahlzeit des Tages gehalten. In manchen Hotels und Pensionen bekommt man aber statt dessen das sogenannte »continental breakfast«, also Tee oder Kaffee, Semmeln, Käse und Marmelade.
Viele Lokale bieten günstige Mittagessen an. Hier ist allerdings Vorsicht geboten: Nicht alles, was man in einem »cafè« aufgetischt bekommt, schmeckt dem nichtbritischen Gaumen. Man ist aber fast immer gut beraten, wenn man einen »Pub« aufsucht. Hier sind britische Spezialitäten am preiswertesten erhältlich in Form eines »barsnack« z.B. Käse, Aufschnitt, Pastete, frischgebackenes Brot und »pickles«, in gewürztem Essig eingelegtes Gemüse oder auch Eier. Etwas bis wesentlich teurer sind die Speisen in einem Pub mit Restaurant. Pubs von gehobenerem Standard bieten eine große Auswahl an Speisen in guter Qualität. Wenn das Mittagessen die Hauptmahlzeit des Tages sein soll, kann es aus drei Gängen bestehen. Man soll auf jeden Fall die ausgezeichneten, oft sehr kalorienreichen britischen Nachspeisen versuchen. In Restaurants bietet das Tagesmenü die preiswerteste Möglichkeit zu essen.
Auch abends hat der Gast eine große Auswahl an Lokalen, die mehrgängige Diners anbieten. In den Restaurants und Inns wird eine feinere Eßkultur gepflegt. Zwar gibt es keine einheitliche Regelung, aber oft wird man nach Betreten des Lokals an die Bar geführt; dort kann man einen Aperitif trinken und sich mit Freunden unterhalten, bis man von einer Bedienung an den Tisch gebeten wird. Die echte, gute britische Küche ist nicht billig: Sie können zwar immer preisgünstige Lokale finden, die bieten aber nicht unbedingt hohe Qualität. Zur Abwechslung hat man auch die Möglichkeit, eine der zahlreichen Gaststätten aufzusuchen, die indische, chinesische oder türkische Spezialitäten anbieten und in jedem größeren Ort zu finden sind. Echte Feinschmeckerlokale, die sowohl einheimische als auch ausländische Küche anbieten, sind häufig in kleineren Ortschaften auf dem Land vorzufinden. Sämtliche Getränke, die in einem Restaurant angeboten werden, sind auf einer »wine list« aufgeführt. Manchmal muß man Getränke extra bei einem »wine waiter« (wein wäita) bestellen. Der eilige Reisende findet allerorts sogenannte Take-Aways, die »fish and chips« (fritierter Fisch mit pommes frites) oder ausländische Gerichte frischgekocht und heiß zum Mitnehmen verpacken.
Ist in einem Restaurant das Bedienungsgeld (service charge) nicht in der Rechnung einbezogen, so steht gewöhnlich auf der Speisekarte »service charge not included« (Bedienungsgeld nicht inbegriffen). In diesem Fall ist ein Trinkgeld in Höhe von 10-12% des Rechnungsbetrags angebracht. Es ist aber üblich, der Bedienung zusätzlich ein Trinkgeld zu geben. Das Trinkgeld wird normalerweise auf einen Teller oder den Tisch gelegt und später von der Bedienung mitgenommen.
→ Getränkekarte, → Speisekarte.

Fähre: Wann geht die (Auto-)Fähre nach...?
→ Verkehrsmittel.
When does the (car) **ferry** to...leave?
wenn daas the (kaah) ferri tu...liew

fahren: Wir möchten nach... fahren.
We'd like to **travel** to...
wied leik tu träwwel tu

Wann fährt der Zug/der Bus nach...?
When does the train/bus to...**leave**?
wenn daas the träin/bass tu...liew

Fahren Sie nach/zum...?
Are you **going** to...? aah ju going tu

Fahrer
a **driver** ä dreiwa

Fahrgast
a passenger ä pässändscha

Fahrkarte: Ich möchte eine einfache Fahrkarte/Rückfahrkarte lösen.
I'd like to buy a single/return **ticket**.
eid leik tu bei ä sing-gl/ritöhn ticket

Was kostet eine Fahrkarte nach...?
What does a ticket to...cost?
wott daas ä ticket tu...kosst

Fahrplan: Haben Sie einen Fahrplan?
Have you got a **timetable**?
häw ju gott ä teimtäibl

Fahrpreis: Wie hoch ist der Fahrpreis?
What's the **fare**?
wotts the fär

Fahrrad: Kann man mit dem Fahrrad mitfahren?
Can passengers take a **bike**?
känn pässändschas täik ä beik

Ich möchte ein Fahrrad mieten.
I'd like to hire a bike.
eid leik tu heir a beik

Kann man da mit dem Fahrrad hinfahren?
Can you go there by bike?
känn ju go ther bei beik

→ Fahrzeugverleih.

Fahrschein: Bekomme ich den Fahrschein beim Fahrer?
Do I get the **ticket** from the driver?
du ei gett the ticket from the dreiwa

Fahrstuhl: Gibt es einen Fahrstuhl?
Is there a **lift**?
is ther ä lift

Fall: auf keinen/jeden Fall
no way/definitely no wäi/deffinitli

fallen: Ich bin gefallen.
I **fell.** ei fell

falsch: Das ist falsch.
That's **wrong**. thätts rong

Fälschung
a fake ä fäik

Familie
a **family** ä fämili

Familienname: Mein Familienname ist...
My surname is...
mei söhnäim is

Farbe: Haben Sie das in einer anderen Farbe?
Have you got that in another **colour**?
häw ju gott thätt in enatha calla

Farbfilm: Ich brauche einen Farbfilm für Dias/Fotos mit 36 Bildern.
I want a **colour film** for slides/prints with thirty-six exposures.
ei wonnt ä calla film for sleids/prints with thöhti sicks eckspohschäs

fast
almost ohrlmoost

faul
lazy läisi

Feder (Auto, Bett)
a spring ä spring

fehlen: Da fehlt etwas.
Something is **missing.**
sammthing is missing

Du fehlst/Sie fehlen mir.   I miss you.   ei miss ju

Fahrzeugverleih

Autos: Voraussetzung ist lediglich ein gültiger Führerschein des Heimatlandes. Außer dem Leihpreis, der je nach Marke und Firma sehr unterschiedlich sein kann, ist manchmal eine Kaution (80-300) zu zahlen. Falls Sie über London einreisen, lassen Sie sich im British Travel Centre beraten, ansonsten bei den TICs in den Flug- und Einreisehäfen. Die kleinen Firmen sind oft billiger als die großen; letztere haben aber den Vorteil, daß sie ihre Autos am Einreiseort zur Verfügung stellen und daß diese nicht zum Ausgangsort zurückgebracht werden müssen.

Boote: Bei Bootverleihfirmen in allen Teilen des U.K. lassen sich (Mtor- oder Segel-) Boote mit voller Ausrüstung auf jeweils eine Woche ausleihen. Erfahrung im Navigieren ist nicht Voraussetzung. Anweisungen werden beim Verleih erteilt. Allerdings müssen die Boote zum jeweiligen Ausgangsort zurückgebracht werden. Geeignete Gebiete für einen Urlaub auf einem ausgeliehenen Boot sind vor allem die obere Themse, die Norfolk Broads, der Lake District in Cumbria, Lough Neagh in Nordirland und die Lochs in Schottland.

Fahrräder: Sie können sich bei den örtlichen Tourist Information Centres über die Möglichkeiten des Fahrradverleihs informieren. Die BTA-Broschüre »Britain Cycling« informiert Sie über jeglichen Aspekt des Radfahrens in Großbritannien. Diese Broschüre erhalten Sie von der Britischen Zentrale für Fremdenverkehr (=British Tourist Authority=BTA), Taunusstraße 52-60, 6000 Frankfurt am Main 1. Telefon 069/2380711/12.

Feiertag   a bank-holiday   ä bännk *ho*lidäi
→ Feiertage.

Feiertage

Gesetzliche Feiertage sind Neujahr, Karfreitag, Ostermontag, Maifeiertag (erster Montag im Mai), Pfingstfeiertag (letzter Montag im Mai), der letzte Montag im August, der erste und zweite Weihnachtsfeiertag. An diesen Tagen haben alle Banken und viele Museen geschlossen.

In Schottland ist der Ostermontag kein Feiertag, der 1. Mai selbst ein Feiertag anstelle des ersten Montags im Mai und der erste Montag im August statt des letzten. In Nordirland kommen zu den U.K.-Feiertagen der 17. März, St. Patrick's Day, und der 12. Juli, der Nationalfeiertag.

---

fein (Lokal, Restaurant)   **good**   gudd
Feinschmecker   a gourmet   ä *gu*rmäi
Feld: auf dem Feld   on the **field**   onn the field

felsig	rocky *rock*i
Fenster: am Fenster	by the **window** bei the *winn*do
Einen Fensterplatz, bitte!	A seat by the window please.
	a siet bei the *winn*do plies
Ferien	**holidays** *hol*idäis
Feriendorf	a holiday village ä *hol*idäi *will*idsch
Ferienwohnung: Wir suchen eine Ferienwohnung.	We're looking for a **holiday flat.** wier lucking for ä hollidäi flätt
Ferngespräch: Ich möchte ein Ferngespräch führen.	I'd like to make a **long-distance call**. eid leik tu mäik ä long disstens kohrl
Fernglas	binoculars bin*nok*julahs
Fernlicht	full beam full biem
Fernsehapparat	a TV set ä tiewie sett
fernsehen: Ich möchte fernsehen.	I'd like to **watch TV**. eid leik tu wotsch tiewie
Fernsehraum: Gibt es einen Fernsehraum?	Is there a **TV room**? is ther ä tiewie ruhm
fertig: Ich bin (noch nicht) fertig.	I'm (not) ready (yet). eim (nott) *red*di (jett)
Wann ist es fertig?	When will it be ready? wenn will itt bie *red*di
feststecken: Der Wagen/Aufzug steckt fest.	The car/lift is **stuck.** the kaah/lift is stack
Fett	fat fätt
fettarm	low-fat loo fätt
fettig: gegen fettiges Haar	against **greasy** hair e*gäin*st *gries*si häir
feucht: Das Zimmer ist feucht.	The room is **damp.** the ruhm is dämmp
Feuer: Haben Sie Feuer?	Have you got a **light**? häw ju gott ä leit
Darf man hier Feuer machen?	May one light a fire here? mäi wann leit ä feir hier
Feuerlöscher	a fire-extinguisher ä feier eck*sting*gwischa
Feuerwehr: Rufen Sie die Feuerwehr! Es brennt im...	Call the **fire-brigade**! There's a fire in... kohrl the feir brig*gäid*. thers ä feir inn

---

In Notfällen kann man 999 wählen und dann die Feuerwehr, die Polizei oder einen Krankenwagen anfordern.

Feuerwerk	a firework ä *feir*wöhk
Feuerzeug	a lighter ä *lei*ta
Fieber: Ich habe/er hat Fieber.	I've/he's got a **temperature**. eiw/hies gott ä *temm*prettscha
Filet	fillet *fil*lett
Film: Welcher Film läuft gerade?	What **film** is showing at the moment? wott film is schoing ätt the *mo*ment
Führen Sie solche Filme?	Do you sell that sort of film? du ju sell thätt sort ow film

filmen: Darf man hier filmen?	May one **film** here? mäi wann film hier
Filmkamera	a movie camera ä *mu*wie kämmra
Filter: mit/ohne Filter	with/without a **filter** with/without ä *fil*ta
Filtertüte	filter paper *fil*ta päipa
finden: Haben Sie mein... gefunden?	Have you **found** my...? häw ju faund mei
Ich habe es gefunden.	I've found it. eiw faund itt
Ich kann es nicht finden	I can't find it. ei kahnt feind itt
Finger	a **finger**, ä *fing*-ga
Fingernagel	a finger-nail ä *fing*-ga näil
Firma	a firm a föhm
Fisch → Speisekarte.	a **fish** ä fisch
Fitneßraum	a work-out gym ä *wöh*kaut dschimm
FKK-Strand	a nudist beach ä *nju*dist bietsch

> Nacktbaden oder Baden oben ohne ist in Großbritannien nur an extra dafür ausgezeichneten Stränden erlaubt.

flach	flat flätt
Flagge	a flag ä flägg
Flasche: eine Flasche Bier/Wein	a **bottle** of beer/wine ä bottl ow bier/wein
Flaschenöffner	a bottle-opener ä bottl ohpenna
Fleck: Es hat einen Fleck.	There's a **mark/stain** on it. thers ä mahk/stäin onn itt
Fleckenentferner	stain-remover stäin rie*mu*wa
Fleisch → Speisekarte.	**meat** miet
fleißig	industrious inn*das*triass
Flickzeug: Ich brauche Flickzeug für den Reifen/die Luftmatratze	I need a **repair kit** for the tire/air-bed. ei nied ä ri*päir* kitt for the teia/er bedd
Fliege (Kleidung)	a bow-tie ä boo *tei*
Fliegen	flies fleis
Fliegenfänger	a fly-trap ä *flei* träpp
flirten	to flirt tu flöht
Flitterwochen: Wir sind in den Flitterwochen.	We're on our **honeymoon.** wier onn auer *hanni*mun
Flohmarkt: Gibt es hier einen Flohmarkt?	I there a **fleamarket** here? is ther ä *flie*mahket hier
Flug: Ich möchte einen Flug buchen nach...	I'd like to book a flight to... eid leik tu buck ä fleit tu
Was kostet der Flug nach...?	What does the flight to...cost? wott daas the fleit tu...kost
Hat dieser Flug Verspätung?	Is the flight delayed? is the fleit di*läid*
Geht der Flug pünktlich ab?	Will the flight leave on time? will the fleit liew onn teim

Flughafen: am Flughafen
zum Flughafen, bitte!
Flugnummer: Können Sie mir die Flugnummer aufschreiben?

Flugsteig: An welchem Flugsteig?
Flugzeug: Wann landet das Flugzeug aus...?
Wann startet das Flugzeug nach...?
Flur
Fluß: Wie heißt dieser Fluß?

Flut: Wann kommt die Flut?
folgen: Folgen Sie mir!
Forelle
formell
Formular: Wo gibt es Formulare dafür?
Fotograf
Fotografie
Fracht
Frage: Ich habe eine Frage.
fragen
Frau: Das ist meine Frau.
Frau...ist eine schöne Frau.
Fräulein! (Bedienung)
frech
frei: Haben Sie noch ein Zimmer frei?
Ist hier noch frei?
Wann haben Sie/hast du frei?

Freibad: Wo ist das Freibad?

Freien: im Freien
Freizeit
fremd: Ich bin fremd hier.
Fremdenführer
Fremdenverkehrsbüro: Wo ist das Fremdenverkehrsbüro?

→ Touristeninformation.
freuen: Ich freue mich (auf...)

at the airport ätt thi *äi*rport
to the airport please tu thi *äi*rport plies
Would you note down the **flight number**? wudd ju noot daun the fleit *namm*ba
At which gate? ätt witsch gäit

When does the plane from ...land? wenn daas the pläin fromm...länd
When does the plane to...leave? wenn daas the pläin tu...liew
a hall ä hohrl
What's the name of this river? wotts the näim ow this *riw*wa
When is **high tide**? wenn is hei teid
Follow me. *fol*loo mie
a trout ä traut
formal *for*mel
Where are the **forms** for that? wer aah the forms for thätt
a photographer ä foh*togg*reffa
a photograph ä *foh*tograf
cargo *kah*ggo
I have a question. ei häw a *kwes*tschen
to ask tu ahsk
This is my wife. thiss is mei weif
Mrs....is an attractive **woman.** *miss*is...is änn ätt*räk*tiw *wum*men
Waitress! *wäi*tress
cheeky *tchie*ki
Have you another room free? häw ju e*natha* ruhm frie
Is this seat taken? is thiss siet täiken
When do you finish word? wenn du ju *finn*isch wöhk
Where is the **open-air pool**? wer is thi *oh*pen er puhl
in the **open air** inn the *oh*pen er
spare time spär teim
I'm a **stranger** here. eim ä *sträin*dscha
a guide ä geid
Where is the **Tourist**

Centre? wer is the *tu*rist infor*mäi*schn *sen*ta

I'm **looking forward** (to...) eim lucking *for*word (tu)

34

Sehr erfreut! — Pleased to meet you. pliesd to miet ju

Freund: Das ist ein Freund von mir. — This is a friend of mine. thiss is ä frend ow mein

(eines Mädchens) mein Freund — my **boyfriend** mei *beu*frend

Freundin: Das ist eine Freundin von mir. — This is a **friend** of mine. thiss is a frend ow mein

(eines Jungen) meine Freundin — my **girlfriend** mei *göhl*frend

freundlich: Das ist sehr freundlich! — That's very **friendly** (of you). thätts werri *frend*li (ow ju)

Frieden — peace piess

frieren: Ich friere. — I'm **cold.** eim kohld

frisch: Ich möchte frische... haben. — I'd like fresh... eid leik fresch...

Ich möchte mich frisch machen. — I'd like to **freshen up.** eid leik tu freschen ap

Friseur: Können Sie mir einen Damen-/Herrenfriseur empfehlen? — Can you recommend a ladies'/gents' **hairdresser** to me? känn jurecko*mend* ä läidis/dschents härdressa tu mie

Frisur: Ich möchte eine neue Frisur. — I'd like a new **hairstyle.** eid leik ä nju *här*steil

froh — glad gläd

Frost: Gibt es heute nacht Frost? — Will there be a **frost** tonight? will ther bie a frost tuneit

Frostschutzmittel — antifreeze *änti*fries

früh: heute/morgen früh — **early** today/this morning öhrli tu*däi*/thiss *mor*ning

Das ist zu früh! — That's too early! thätts tu *öhr*li

Frühaufsteher: Ich bin Frühaufsteher — I'm an **early riser**. eim änn öhrli *rei*sa

früher: Wir möchten/ich möchten einen Tag früher abreisen. — We/I would like to depart a day earlier. wie/ei wudd leik to di*paht* ä däi öhrlia

Frühling — spring spring

frühstücken: Wann und wo kann man hier frühstücken? — When and where is **breakfast** served? wenn änd wer is *breck*fest söhwd

Gibt es ein Frühstücksbüffet? — Is there a breakfast buffet? is ther ä *breck*fest *baff*äi

→ Essen und Trinken.

Frühstücksraum: Wo ist der Frühstücksraum? — Where is the **breakfast room**? wer is the *breck*fest ruhm

Führerschein: Brauche ich einen internationalen Führerschein? — Do I need an international **driving licence**? du ei nied ann innter*näsch*nell *drei*wing *leiss*ens

→ Verkehrsregeln.

Führung: Wann ist die nächste Führung? — When is the next **guided tour**? wenn is the neckst geided tur

Füllung: Womit ist das gefüllt?	What is it **filled** with? wott is itt filld with
Mir ist eine Füllung herausgefallen.	I've lost a **filling**. eiw losst ä filling
Fundbüro: Wo ist das Fundbüro?	Where is the **lost-property office**? wer is the losst *propp*erti offiss
funktionieren: Das funktioniert (nicht).	That **works** (doesn't work). thätt wöhks (daasnt wöhk)
für: für mich/uns	for me/you for mie/ju
furchtbar	terrible *terr*ibl
Furunkel	a boil ä beul
Fuß: Meine Füße tun mir weh.	My feet hurt. mei fiet höht
Können wir zu Fuß gehen?	Can we walk? känn wie work
Fußball	a football ä *futt*borl
Fußballspiel	a game of football ä gäim of *futt*borl
Fußbremse	a footbrake ä *futt*bräik
Fußgänger	a pedestrian ä pe*dess*triän
Fußgängerüberweg	a pedestrian crossing ä pe*dess*triän krossing
→ Verkehrsregeln.	
Fußgängerzone	a pedestrian precinct ä pe*dess*triän *pres*inkt
Fußpilz	athlete's foot *äth*liets *futt*
Fußweg: Gibt es einen Fußweg dorthin?	Is there a **path** leading there? is ther ä pahth lieding ther
Gabel: Eine Gabel, bitte!	A fork please. ä fork plies
Gallenstein	a gall-stone ä *gorl*stoon
Gang (Essen)	a course ä kurs
(Auto)	a gear ä gier
gar: Es ist nicht gar.	It's not **done**. itts nott dann
Es ist gar nichts los.	There's nothing going on **at all**. thers nathing going onn ätt ohrl
Garage: Ist noch eine Garage frei?	Is there still a **garage** free? is ther still ä *gä*radsch frie
Garantie: Gibt es eine Garantie darauf?	Is it **guaranteed**? is itt gärän*tied*
Wie lange läuft die Garantie?	How long is the **guarantee** valid for? hau long is the gärän*tie wäl*id for
garantieren: Können Sie mir das garantieren?	Can you **guarantee** that? känn ju gärän*tie* thätt
Garderobe (Theater)	a cloakroom ä *klook*ruhm
Garderobenmarke	a cloakroom tag ä *klook*ruhm tägg
Garnele	a shrimp ä schrimp
Garten: im Garten	in the garden inn the *gard*h
Gas	gas gäss
Gasflasche	a gas canister ä gäss *känn*ista
Gaskartusche	a gas cartridge ä gäss *kaht*ridsch
Gaskocher	a camping stove ä *kämm*ping stoow

Gaspedal	accelerator pedal	äck*sell*eräita peddl
Gast	a **guest**	ä gest
Gästezimmer	a guest room	ä gest ruhm
Gastgeber/-in	a **host**	a hoost
Gasthaus	an **inn**	än inn
Gaumen	a palate	ä *pä*let
Gebäude: Was ist das für ein Gebäude?	What is that **building**?	wott is thätt bilding
geben: Bitte geben Sie mir meinen Schlüssel.	Please would you give me my key.	plies wudd ju giw mie mei kie
Gebiet: in diesem Gebiet	in this region	inn thiss *rie*dschn
Gebiß	dentures	*den*tschas
geboren: Ich bin in...geboren.	I was **born in**...	ei wos born inn
gebraten	roast	rost
Gebrauchsanweisung	instructions	inn*strack*schns
Gebühr: Wie hoch ist die Gebühr?	How high is the **charge?**	hau hei is the tchahdsch
Geburtstag: Ich habe am... Geburtstag.	My **birthday** is on...	mei *böhth*däi is onn
Gedeck: Können Sie noch ein Gedeck bringen?	Could you lay another **place** please	kudd ju läi e*nath*a pläis plies
Geduld!	Patience!	*päi*schens
gefährlich: Das ist (zu) gefährlich.	That's (too) **dangerous.**	thätts (tu) *däin*dscheräs
gefallen: Das gefällt mir (nicht).	I (don't) like that.	ei (dohnt) leik thätt
Es hat mir sehr gefallen.	I enjoyed it very much.	ei in*dscheud* it werri matsch
Gefängnis	a prison	ä *pris*en
gegen: gegen 18 Uhr	at around six p.m.	ätt e*raund* sicks pie em
gegen den Baum	against the tree	e*gäinst* the trie
Gegend: Ist das eine Spezialität aus dieser Gegend?	Is that a speciality from this area?	is thätt ä speschi*ä*litti fromm thiss äria
in der Gegend von	in the area of	inn thi äria ow
Gegenteil: im Gegenteil	on the **contrary**	onn the *konn*träri
gegenüber: gegenüber vom Bahnhof	opposite the station	oppositt the *stäi*schn
gehen: Wo geht es nach...?	Which way is it to...	witch wäi is itt tu
Gehen Sie weg!	Go away!	go a*wäi*
Wohin gehen Sie/gehst du?	Where are you going?	wer aah ju going
Wie geht es Ihnen/dir?	How are you?	hau aah ju
Mir/uns geht es gut.	I'm/we're **feeling** fine.	eim/wier fieling fein
Laß/laßt uns gehen!	Let's go.	letts go
Gehirnerschütterung	a concussion	ä konn*kasch*n

> «How do you do?« (hau du ju du), zu deutsch »Wie geht es Ihnen?«, wird auch als Begrüßungsformel verwendet. Da es sich hier um eine Höflichkeitsfloskel und nicht um eine echte Frage handelt, antwortet man ebenfalls mit »How do you do?«.

gehören: Das gehört mir /uns (nicht).
That **belongs** (doesn't belong) to me/us.
thätt bi*longs* (daasnt bi*long*) tu mie/ass

Gehsteig
a pavement ä *päi*wment

gekocht
boiled beuld

Geländewagen
an off-road vehicleänn off rood wie-ickl

gelb
yellow *jell*oo

Geld: Ich habe kein Geld (mehr).
I've got no (more) **money**.
eiw gott no (mohr) *mann*i

Wo kann ich Geld wechseln?
Where can I change some money?
wer känn ei tchäindsch samm *mann*i

Geldbeutel (Mann)
a wallet ä *woll*et

(Frau)
a purse ä pöhs

Geldbuße
a fine ä fein

Gemäldegalerie
an art-gallery änn aht *gäll*eri

Gemüse
vegetables *wedd*schtebls
→ Speisekarte.

gemütlich: Hier ist es gemütlich.
It's cozy here.
itts *co*si hier

genau
exact(ly) ick*säckt*(li)

Genehmigung: Brauche ich dafür eine Genehmigung?
Do I need **permission** for that?
du ei nied pöh*misch*n for thätt

genießen: Ich genieße es.
I'm **enjoying** it. eim ind*scheu*ing itt

genug: Das ist genug, danke.
That's enough, thank you.
thätts in*aff* thänk ju

geöffnet: Ab wann ist geöffnet?
When does it open?
wenn daas it ohpen

Gepäck: Hier ist mein Gepäck.
This is my **luggage**.
thiss is mei *lag*idsch

Gepäckaufbewahrung: Wo ist die Gepäckaufbewahrung?
Where is the **left-luggage office**?
wer is the lefft *lag*idsch offiss

Gepäckschein
a luggage ticket ä *lag*idsch ticket

Gepäckträger
a porter ä porta

geradeaus
straight ahead sträit e*hedd*

Gericht (Essen)
a dish ä disch

(Recht)
a court ä kohrt

gering: eine geringe Chance
a **small** chance
a smohrl tschahns

gern: Ich hätte gern...
I would **like**... ei wudd leik

Ich würde gern...
I would like to... ei wudd leik tu

Geschäft (Laden)
a **shop** ä schopp
→ Einkaufen.

geschäftlich: Ich bin geschäftlich hier. — I'm here **on business** eim hier onn *bis*ness

Geschäftsführer: Ich möchte den Geschäftsführer sprechen. — I'd like to talk to the **manager**. eid leik tu tork tu the *männ*ädscha

Geschäftsstraße — a shopping precinct ä *schop*ping *prie*sinkt

geschehen: Was ist geschehen? — What's **happened**? wotts *häpp*end

Geschenk: Ich suche ein Geschenk. — I'm looking for a **present.** eim lucking for ä *präs*ent.

geschickt: Wer hat Sie geschickt? — Who **sent** you? hu sent ju

geschieden: Ich bin geschieden. — I'm **divorced.** eim di*worst*

Geschirrspülmittel — washing-up liquid *wosching ap lick*widd

geschlossen — **closed** kloosd

Geschmack: Das ist Geschmackssache. — That's a matter of **taste**. thätts ä mätta ow täist

Geschwindigkeit — speed spied

Geschwindigkeitsbegrenzung — a speed limit ä spied limit
→ Verkehrsregeln.

geschwollen: Mein...ist geschwollen. — My... is **swollen**. mei...is swoolen

Geschwulst — a growth ä grohth

Gesellschaft: Wollen Sie mir/uns Gesellschaft leisten? — Would you like to **join** me/us? wudd ju leik tu dscheun mie/ass

Gesetz — a law ä lohr

Gesicht — a **face** ä fäis

Gesichtscreme — a face-cream ä *fäis* kriem

gestatten: Gestatten Sie? — May I? mäi ei

gestern: gestern morgen/abend — yesterday morning/evening *jest*addäi morning/*iew*ning

gesund — **healthy** *hel*thi

Gesundheit! — Bless you! bless ju

Getränke — drinks drinks

Getränkekarte: Haben Sie eine Getränkekarte? — Do you have a **wine list**? du ju häw ä wein list
→ Getränkekarte.

getrennt: Wir leben getrennt. Wir möchten getrennt zahlen. — We live apart. wie liw e*paht* We'd like to pay **separately**. wied leik tu päi *sepp*rettli

Getriebe — transmission trann*smisch*en

Gewehr — a gun ä gann

Gewicht — a weight ä wäit
Anhang: Maße und Gewichte.

Gewinn — a profit ä *prof*fit

gewinnen: Wer hat gewonnen? — Who **won**? hu wann

Getränkekarte

Sämtliche Getränke - auch die nicht-alkoholischen - werden auf der
»wine list« aufgeführt. In manchen Restaurants muß man die Speisen
und Getränke getrennt bestellen. Letztere bei dem »wine waiter« (wein
wäita).
Das typische britische Getränk ist natürlich der Tee, den man zu jeder
Tageszeit und bei jedem Anlaß trinkt. Der englische »tea« ist stark, und
man mischt ihm normalerweise Milch (seltener Zitrone) und Zucker
bei.
In den Pubs hat man eine große Auswahl an alkoholischen und nicht-
alkoholischen Getränken. Achtung: Jugendliche unter 14 Jahren dürfen
Pubs nicht betreten, es sei denn, sie speisen im Restaurant; an Jgend-
liche unter 18 Jahren dürfen keine alkoholischen Getränke ausge-
schenkt werden.

Typische alkoholfreie Getränke sind:
coke kohk	Cola
ginger ale *dschinnscha* äil	nicht-alkoholisches Getränk mit Ingwer-Geschmack - dient auch als Beigabe zu alkoholischen Getränken
ginger beer dschinnscha *bier*	Ingwerlimonade
grapefruit juice gräipfrut dschuhss	Grapefruitsaft
lemonade lemmenäid	Limonade
mineral water minnerel wohrta	Mineralwasser
orange juice orrindsch dschuhss	Orangensaft
pineapple juice peinappel dschuhss	Ananassaft
squash skwosch	Fruchtsaftkonzentrat in verschiedenen Geschmacksrichtungen, z.B. black-currant bläckkarrent = schwarze Johannisbeere, lemon lemmen = Zitrone, orange orrindsch = Orange - wird mit Wasser verdünnt getrunken oder als Beigabe zu alkoholischen Getränken (s. unten).

Typische alkoholische Getränke sind:
ale/beer äil/bier	Bier
bacardi bekahdi	weißer Rum
bacardi and coke bekahdi änd kohk	Cola mit weißem Rum
bitter bitta	eine etwas bittere, helle Biersorte
bourbon böhben	amerikanischer Whisky

brandy bränndi	Weinbrand, Kognak
cognac konnjäck	Kognak
gin and tonic tschinn änd tonn-ick	Gin-Tonic
ginger wine dschinnscha *wein*	Ingwerwein
guiness *ginn*iss	ein kräftiges, irisches Dunkelbier
lager *lah*ga	eine Biersorte, die dem deutschen hellen Bier vergleichbar ist
lager and lime lahga änd leim	Lager mit einem Schuß Limonen-Squash
liqueur liköhr	Likör
mild meild	ein dunkles Bier
port pohrt	Portwein, der typische britische Digestif
red wine redd wein	Rotwein
rosé wine rosee wein	Roséwein
rum ramm	Rum
scotch skotsch	ein anderes Wort für Whisky
scotch on the rocks skotsch onn the rocks	Whisky mit Eiswürfeln
Shandy schänndi	Radler
sherry scherri	Sherry, der typische britische Aperitif
spirits spirrits	der allgemeine Begriff für »Schnaps«
stout staut	ein starkes Dunkelbier
vodka wodka	Wodka
vodka and lime wodka änd leim	Wodka mit einem Schuß Limonen-Squash
whisk(e)y wisski	
white wine weit wein	Weißwein

In zunehmendem Maße werden auch britische Mineralwasser angeboten.

In Restaurants werden vor allem süße, deutsche Weißweine serviert, aber auch Weine aus anderen Ländern, beispielsweise aus Frankreich.

→ Essen und Trinken.

Gewitter: Ein Gewitter zieht auf.	There's a **thunderstorm** brewing. thers ä *thann*dastorm bruing
gewöhnlich: wie gewöhnlich	as usual äs *ju*schuell
Gewürz: Was ist das für ein Gewürz?	What **spice** is that? wott speiss is thätt
Ist es stark gewürzt?	Is it strongly **seasoned**? is itt strongli *sie*send
Gicht	gout gaut

gießen: es gießt — it's pouring *itts pohrring*
Gipsverband — a plaster *ä plahsta*
Gitarre — a guitar *ä gitaah*
Glas: ein Glas Milch — a glass of milk *ä glahss ow milk*
glatt: Ist es glatt? — Is it **slippery**? *is itt slippri*
Glatteis — (black)ice *(bläck)eis*
glauben: Das glaube ich (nicht). — I (don't) believe it. *ei (dohnt) biliew itt*
gleich: der/die/das gleiche — the same *the säim*
Er/sie kommt gleich. — He'll/she'll be here right away. *hiel/schiel bie hier reit ewäi*

Das Gleiche noch mal! — The same again! *the säim egenn*
gleichfalls! — likewise *leikweis*
Gleis: Auf welchem Gleis? — On which platform? *onn witch plättform*
Glück: Viel Glück! — All the best! *ohrl the best*
glücklich — happy *häppi*
Glückwunsch: Herzlichen Glückwunsch! — Congratulations! *konngrätschjuläischnns*
Herzlichen Glückwünsch zum Geburtstag! — Happy birthday! *häppi böhthdäi*

Glühbirne: Die Glühbirne ist kaputt/zu schwach. — The **bulb** doesn't work/is too weak. *the balb dasnt wöhk/is tu wiek*
Gold — gold *gohld*
Golfplatz: Wo ist der Golfplatz? — Where is the **golf course?** *wer is the golf kurs*
Gott — God *godd*
Gottesdienst: Wo gibt es einen katholischen/evangelischen Gottesdienst? — Where is there a Catholic/Protestant **church service?** *wer is ther ä kätholick/prottesstant tschöhtsch söhwis*
Grapefruit — a grapefruit *ä gräipfrut*
Gras — grass *grahs*
Gräte: Hat dieser Fisch viele Gräten? — Does this fish have a lot of **bones**? *daas thiss fisch häw ä lott ow bohns*
gratis: Ist das gratis? — Is that **free of charge?** *is thätt frie ow tchahdsch*

gratulieren: Ich gratuliere Ihnen/dir. — I **congratulate** you! *ei konngrätschjuläit ju*
grau — grey *gräi*
Grenze: Wie weit ist es noch bis zur Grenze? — How much farther is it to the **border?** *hau matsch fahtha is itt tu the borda*
Griff (Schirm) — a handle *ä händl*
Grippe: Ich habe Grippe. — I've got the '**flu.** *eiw gott the flu*
groß: Das ist (nicht) groß genug. — That's (not) big enough. *thätts nott bigg inaff*
großartig — great *gräit*
Großbritannien — Great Britain *gräit britten*
Größe: Welche Größe ist das? — What **size** is that? *wott seis is thätt*

Das ist die falsche Größe.	That's the wrong size. thätts the rong seis

→ Anhang: Maße und Gewichte, Konfektionsgrößen.

Großeltern	grandparents *gränndp*ärents
Großmutter	a grandmother ä *gränndm*atha
Großvater	a grandfather ä *gränndf*ahtha
grün	green grien
Gruppe: Wo ist die deutschsprachige Gruppe?	Where is the German-speaking **group**? wer is the *dschöh*men spieking grup
Gruppenleiter	a group-leader ä grup *lie*da
Grüße: Schöne Grüße an...	Give my **regards** to... giw mei r*igahds* tu
gültig: Wie lange ist es gültig?	How long is it valid? hau long is itt *wäll*id
Ist das noch gültig?	Is it still valid? is itt still *wäll*id
Gummiband	a rubber band ä rabba bänd
Gummistiefel	a wellington boot ä *welling*tn but
günstig: Wo kann ich günstig ...einkaufen?	Where can I buy...**at a reasonable price**? wer känn ei bei...ätt ä *ries*näbbl preis
gurgeln: etwas zum Gurgeln	something **to gargle** with *samm*thing tu gahgl with
Gurke	a cucumber ä *kju*kammba
(Essiggurke)	a gherkin ä *göh*kinn
Gürtel	a belt ä bellt
gut: gut!	good! gudd
Mir ist nicht gut.	I don't feel well. ei dohnt fiel well
gutaussehend	attractive at*träck*tiw
gutbürgerliche Küche	good home cooking gudd hohm *kuck*ing
Gutschein: Wo kann man diesen Gutschein einlösen?	Where can I redeem this **voucher**? wer känn ei r*idiem* thiss *waut*cha
Gymnastik	gymnastics dschimm*näss*ticks
Gynäkologe	a gynaecologist ä geino*kolo*dschist

→ Ärztliche Versorgung.

Haar: Haare schneiden/ waschen/färben	to cut/wash/die **hair** tu katt/wosch/dei häir
Haarbürste	a hair-brush ä *häir*brasch
Haarklemme	a hair-clip ä *häir*klipp
haben: Haben Sie...?	Have you got...? häw ju gott
Können wir/kann ich noch etwas haben?	Could we/I have some more? kudd wie/ei häw samm mohr
ich habe/sie haben	I/they have ei/thäi häw
er/sie hat	he/she has hie/schie häs
Hackfleisch	mincemeat *minns*miet
Hafen	a harbour ä *hah*ba
haftbar: Ich mache Sie haftbar.	I hold you **responsible**. ei hohld ju ris*pon*sibl

Hähnchen	a chicken ä tchickn
Haken	a hook ä huck
halb: Machen wir halbe halbe.	Let's go **fifty-fifty**. letts go fiffti fiffti
eine halbe Stunde	**half** an hour hahf änn aua
Halbinsel	a peninsula ä pe*ninn*sjula
Halbpension: mit Halbpension	with **half-board** with hahf bord
Hälfte	a half ä hahf
Hals	a **throat** ä throht
Halsband	a necklace ä *neck*less
Hals-, Nasen-, Ohrenarzt	an ear, nose and throat specialist änn ier, nos and throht *spesch*elist
→ Ärztliche Versorgung.	
Halsschmerzen: Ich brauche etwas gegen Halsschmerzen.	I need something against a **sore throat.** ei nied *samm*thing e*gäinst* ä sohr throht
Halstuch	a scarf ä skahf
halten: Halt!	**Stop**! stopp
Halten Sie bitte sofort an.	Please stop straight away. plies stop sträit e*wäi*
Haltestelle: Wo ist die nächste Haltestelle?	Where is the next **stop?** wer is the neckst stopp
Hammelfleisch	mutton mattn
Hammer	a hammer ä *hämm*a
Hand	a **hand** ä händ
Handarbeit: Ist das Handarbeit?	Is that **hand-made**? is thätt händ mäid
Handbremse: Stellen Sie bitte die Handbremse nach.	Please adjust the **handbrake.** plies ed*schasst* the *händ*bräik
Handcreme	a hand cream ä *händ* kriem
Handgepäck	hand luggage *händ* lagidsch
Handtasche	a handbag ä *händ*bägg
Handtuch: Ich möchte ein frisches Handtuch.	I'd like a clean **towel**. eid leik a klien taul
Hängematte	a hammock ä *hämm*ek
hart	**hard** hahd
häßlich	ugly *ag*li
hätte: Ich hätte gern...	I would like... ei wudd leik
Hauptbahnhof: zum Hauptbahnhof	to the main station tu the mäin *stäi*schen
Hauptstraße	a **main road** ä mäin rohd
Haus: Ich möchte nach Hause.	I'd like to go **home**. eid leik tu go hohm
zu Hause	at home ätt hohm
Hausfrau	a housewife ä *haus*weif
Haushaltswaren	household goods *haus*hold gudds
Haut	a **skin** ä skinn
Hautarzt	a dermatologist ä döhma*toll*odschist
→ Ärztliche Versorgung.	

44

Hautausschlag	a rash ä räsch
Hautcreme	a skin cream ä *skinn* kriem
Heftpflaster	a plaster ä *plahs*ta
Heiligabend	Christmas Eve *kris*mäs iew
Heimweh: Ich habe Heimweh.	I'm homesick. eim *hohm*sick
heiß: Es ist (zu) heiß.	It's (too) hot. itts (tu) hott
heißen: Ich heiße...	My **name is**... mei näim is
Wie heißen Sie/heißt du?	What's your name? wotts jur näim
Wie heißt das auf Englisch?	What is that in English?
	wott is thätt inn *ing*-glisch
Heizdecke	an electric blanket
	änn e*lek*trick *blän*kett
Heizgerät: elektrisches Heizgerät	an electric **heater**
	änn e*lek*trick *hie*ta
Heizung: Die Heizung geht nicht.	The **heating** is not working.
	the *hie*fing is nott *wöh*king
helfen: Können Sie mir/uns helfen?	Could you help me/us?
	kudd ju help mie/ass
hell	**light** leit
Hemd	a shirt ä schöht
Herbst	autumn *ohr*tamm
Herd	an oven änn *awen*
Hering (Zelt)	a tent peg ä tent pegg
(Fisch)	a herring ä *herr*ing
herkommen: Kommen Sie her/ komm her!	Come here!
	kamm hier
Wo kommen Sie her?	Where do you **come from**?
	wer du ju kamm from
Herr: Herr Schmidt	Mr. Schmidt *mis*ta Schmidt
Er ist ein echter Herr.	He's a real gentleman.
	hies ä riel *dschen*telmänn
Herrentoilette: Wo ist die Herrentoilette?	Where is the **gent's toilet?**
	wer is the dschents *teu*let
herrlich: herrliches Wetter	lovely weather *law*li *wet*ha
Hersteller: Wer ist der Hersteller?	What's the name of the **manufacturer**?
	wotts the näim ow the mänju*fäck*tschura
Herz	a **heart** ä haht
Herzinfarkt	a heart attack ä haht ättäck
Heuschnupfen	hay fever *häi* fiewa
heute: heute morgen/abend	this morning/evening
	thiss *moh*ming/*iew*ning
heute in zwei Wochen	two weeks from today.
	tu wieks from tu*däi*
Hexenschuß	lumbago lamm*bäi*go
hier: hierher	**here** hier
hier entlang	this way thiss wäi
hierlassen: Kann ich das bis ...hierlassen?	Can I **leave** this **here** until...?
	känn ei liew thiss hier ann*till*

45

Hilfe: Rufen Sie Hilfe! — Call for help! *kohrl for help*
Ich brauche Hilfe. — I need help. *ei nied help*
Erste Hilfe — first aid *föhst äid*
Himbeeren — raspberries *rahsberries*
Himmel: am Himmel — in the sky *inn the skei*
hinaus — out *aut*
Hinflug: auf dem Hinflug — on the **outward flight** *onn thi autwahd fleit*
hinlegen: Ich muß mich ein bißchen hinlegen. — I must **lie down** for a while. *ei masst lei daun for ä weil*
hinstellen: Wo soll ich mich hinstellen? — Where should I **stand**? *wer schudd ei ständ*
hinten — **at the back** *ätt the bäck*
hinter — **behind** *biheind*
Hintergrund — a background *ä bäckgraund*
hinüber: Wie kommen wir hinüber? — How do we get across? *hau du wie gett ecross*
Hitze — heat *hiet*
Hitzschlag — heat-stroke *hiet strohk*
hoch: Wie hoch liegt das? — How **high** is it? *hau hei is itt*
zu hoch — too high *tu hei*
höchstens: Ich bezahle höchstens... — I'll pay **at most**... *eil päi ätt mohst*
Hochzeitsreise: Wir sind auf Hochzeitsreise. — We're on our **honeymoon**. *wier onn aua hannimuhn*
Hochzeitstag: Wir haben heute Hochzeitstag. — Today is our **wedding anniversary**. *tudäi is aua wedding änniwöhseri*
Hof: zum Hof — to the yard *tu the jahd*
hoffen — to **hope** *tu hohp*
hoffentlich: hoffentlich — I **hope so** *ei hohp so*
hoffentlich nicht — I hope not *ei hohp nott*
höflich — **polite** *pohleit*
Höhe — a height *ä heit*
Höhle — a cave *ä käiw*
holen: Ich hole meinen Mantel. — I'll fetch my coat. *eil fetsch mei koht*
Holen Sie bitte einen... — Please fetch a... *plies fetsch ä*
Holz: Ist das aus Holz? — Is that made of wood? *is thätt mäid ow wudd*
Holzkohle — charcoal *tschahkohl*
Honig — honey *hanni*
hören: Hörst du/hören Sie nichts. — Can't you hear anything? *kahnt ju hier ännithing*
Hörgerät — a hearing aid *ä hiering äid*
Horizont — a horizon *ä horeisen*
Hornisse — a hornet *ä hohmet*
Hose — **trousers** *trausas*
Hosentasche — a trouser pocket *ä trausa pocket*
Hotel: im Hotel — in the hotel *in the hotell*

Ich suche ein Hotel.	I'm looking for a hotel. eim lucking for a hotell
→ Unterkunft.	
hübsch	pretty *pritti*
Hummer	a lobster ä *lobb*sta
Hund: Darf ich meinen Hund mitbringen?	May I bring my dog? mäi ei bring mei dogg
Hundebiß	a dogbite ä *dogg*beit
Hunger: Ich habe Hunger.	I'm hungry. eim *hann*gri
Hupe	a horn ä hohrn
Husten	a cough ä koff
Hustensaft	a cough mixture ä *koff* mickstscha
Hut	a hat ä hätt
ich: ich bin (nicht)	I am (not) ei ämm (nott)
Idee: Gute Idee!	Good **idea**! gudd ei*dia*
ihm: mit ihm	with him with himm
für ihn	for him for himm
ihnen: mit ihnen	with them with themm
mit Ihnen	with you with ju
ihr: mit ihr	with her with höh
Ist das Ihre.../Ist das ihre?	Is that your.../Is that **hers**? is thätt jur.../is thätt höhs
Sind das Ihre.../Sind das ihre?	Are those your.../Are those hers? aah thoos jur.../aah thoos höhs
Seid Ihr...?	Are you...? aah ju
im: im Zimmer	in the room in the ruhm
im Lauf der Woche	in the course of the week inn the kors ow the wiek
Imbiß: Ich möchte/wir möchten einen Imbiß.	I'd/we'd like a **snack.** eid/wied leik ä snäck
immer: immer noch/wieder	**still/again and again** still/e*gäin* änd e*gäin*
Impfung	a vaccination ä wäcks*inäi*schn
Import	an import änn *im*pohrt
in: in London	in London inn *lann*den
in zwei Tagen	in two days inn tu däis
in Kürze	shortly *schohrt*li
inbegriffen: Ist...inbegriffen?	Is...**included**? is...in*klu*ded
Industrie	an industry änn *inn*dasstri
Infektion	an infection änn inn*feck*schn
Information: Wo ist die Touristen-Information?	Where is the Tourist **Information** Centre? wer is the *tur*-ist innfor*mäi*schn senta
→ Touristeninformation.	
Informationsmaterial: Haben Sie Informationsmaterial auf Deutsch über...?	Have you got some **information** on ...in German? häw ju gott samm innfor*mäi*schn onn...inn *dschöh*men

inklusive: alles inklusive?	all **inclusive**? ohrl inn*klusi*w
innen	**inside** inn*seid*
Innereien: Keine Innereien, bitte!	No **innards** please. no *inn*eds plies
Insektenschutzmittel	an insect repellent änn *inn*sekt ri*pell*ent
Insel	an **island** änn *ei*länd
insgesamt: Wieviel ist/macht das insgesamt?	What does that come to **in all**? wott daas thätt kamm tu inn ohrl
intelligent	intelligent inn*tell*idschent
interessant	interesting *inn*teresting
international	international innter*näsch*enell
Internist	a specialist in internal diseases ä *spesch*elist in in*töh*nel di*sieses*
→ Ärztliche Versorgung.	
irgend: irgend etwas/jemand	**something/somebody** *samm*thing/*samm*boddi
irgendein	**some** samm
irgendwann	**sometime** *samm*teim
irgendwo	**somewhere** *samm*wer
Irrtum: Das ist ein Irrtum.	That's a **mistake**. thätts ä miss*täik*
ist	**is** is
ja: ja bitte!	yes please jess plies
Jacht	a yacht ä jott
Jacke, Jackett	a jacket ä *dschäck*et
Jagd: auf Jagd gehen	to go **hunting** tu go *hann*ting
Jahr: letztes Jahr	last **year** lahst jier
Jahreszeit: zu dieser Jahreszeit	at this **time of year** ätt thiss teim ow jier
Jahrgang: Welcher Jahrgang ist dieser Wein?	What **vintage** is this wine? wott *winn*tidsch is thiss wein
Jahrhundert: in diesem Jahrhundert	in this **century** inn thiss *senn*tscheri
jährlich	**annual** *änn*juäl
Jazzkeller	a jazz club ä *dschäss* klabb
jede/-r/-s: jeden Tag	**every** day *ewr*ie däi
jederzeit	at any time ätt änni teim
jedesmal	every time *ewr*ie teim
jemals: Waren Sie jemals in...?	Have you **ever** been to...? häw ju ewa bien tu
jemand: Ist hier jemand?	Is **anybody** here? is *änni*boddi hier
jetzt: jetzt gleich	right **now** reit nau
jetzt nicht	not now nott nau
Jod	iodine *ei*erdien
Joghurt	a yoghurt ä *jogg*et
jucken: Es juckt.	It **itches**. itt *itt*sches
Jugendherberge: Wo ist die Jugendherberge?	Where is the **youth hostel**? wer is the *juth hoss*tel
→ Unterkunft.	

Jugendliche	youths juths
jung	**young** jang
Junge	a **boy** ä beu
Juwelierladen	a jeweller's ä *dschu*ällas
Kabarett	a cabaret ä *käb*eräi
Kabel	a cable ä käibl
Kabeljau	a cod ä kodd
Kabine: Welche Kabine?	Which **cabin**? witch *käbb*in
Kaffee: einen/zwei Kaffee, bitte!	A coffee/two coffees please. ä *koff*i/tu *koff*is plies
Kaffeelöffel	a coffee spoon ä *koff*i spuhn
Kai	a quay ä kie
Kalbfleisch	veal wiel
Kalender	a calendar ä *käll*enda
kalt: Es/mir ist kalt.	It's/I'm cold. itts/eim kohld
Kamera	a camera ä *kämm*era
Kamillentee	camomile tea *kämm*omeil tie
Kamm	a comb ä kohm
Kanal (Fernsehen)	a channel ä *tschänn*el
(Wasserweg)	a canal ä kä*näll*
Kapitän: Ich möchte den Kapitän sprechen.	I'd like to talk to the **captain**. eid leik tu tohrk tu the *käpp*ten
kaputt: Es ist kaputt.	It's **broken**. itts brookn
Karat: Wieviel Karat?	How many **carats**? hau männi *kärr*ets
Karotte	a carrot ä *kärr*et
Karte: Haben Sie eine Karte von der Stadt/Gegend?	Do you have a map of the city/area? du ju häw ä mäpp of the *siti*/*ärr*ia
Haben Sie Karten für die Oper?	Have you got tickets for the opera? häw ju gott *tick*ets for thi *ope*ra
Spielen Sie Karten?	Do you play cards? du ju pläi kahds
Kartenvorkauf: Ich möchte Karten im Vorverkauf besorgen.	I'd like to **buy** tickets **in advance**. eid leik tu bei *tick*ets in ädd*wahns*
Kartoffeln	potatoes po*täi*tos
Käse	cheese tchies
Kasino	a casino ä ka*sie*no
Kasse: an der Kasse (Theater)	at the **box office** ätt the *bocks*offiss
Wo ist die Kasse? (Supermarkt)	Where's the **checkout**? wers the *tscheck*aut
Kassette	a cassette ä kä*sett*
Katastrophe	a catastrophe ä kä*täs*troffi
Kater: (Tier) Ich habe einen Kater.	I've got a tom-cat. eiw gott ä *tomm* kätt
(Alkohol)	a **hangover** ä *häng*owa
Kathedrale	a cathedral ä kä*thie*drel
katholisch: Ich bin katholisch.	I'm **Catholic**. eim *käth*olick
Katze	a **cat** ä kätt
kaufen: Wo kann ich...	Where can I buy...?

49

kaufen? wer känn ei bei
Kaufhaus a department store ä di*pah*tment stohr
→ Einkaufen.
Kaugummi chewing gum *tchu*ing gamm
kaum hardly *hahd*li
Kaution: Muß man eine Kaution hinterlegen? Is ist necessary to put down a **deposit**? is itt *ness*esäri tu putt daun ä di*pos*it
Wie hoch ist die Kaution? How high is the deposit? hau hei is the di*pos*it
Keilriemen a fan-belt ä *fänn*belt
kein/-e/-er/-es: Ich habe kein... I've got **no**... eiw gott no
keine/keiner von beiden **neither** of them *nei*tha ow them
Ich habe keines. I've got **none.** eiw gott nann
Kellner/-in a waiter/waitress ä *wäi*ta/*wäi*tress
kennen: Kennen Sie.../kennst du...? Do you **know**...? du ju no
kentern to capsize tu käpp*seis*
Keramik ceramics sö*rämm*icks
Kerze: Haben Sie eine Kerze? Have you got a **candle**? häw ju gott ä känndl
Ketchup: Ich möchte etwas Ketchup. I'd like some **ketchup.** eid leik samm *ketch*app
Kette a chain ä tschäin
Kilo a **kilo** ä kielo
→ Anhang, Maße und Gewichte.
Kilometer a kilometer ä kil*om*etta
→ Anhang, Maße und Gewichte.
Kilometerzähler a mileometer ä mei*lom*etta
Kinder: Haben Sie meine Kinder gesehen? Have you seen my **children**? häw ju sien mei *tchill*dren
Kinderarzt: Wo ist der nächste Kinderarzt? Where can I find a **paediatrician**? wer känn ei feind ä piediä*trisch*en
Kindergarten: Gibt es einen Kindergarten? Is there a **kindergarten**? is there ä *kind*agahten
Kinderkarte a children's ticket ä *tchill*drens *tick*et
Kinderportion: Gibt es auch Kinderportionen? Do you also serve **children's portions**? du ju ohrlso söhw *tchill*drens *pohr*schens
Kindersicherung a child lock ä *tcheild* lock
Kinderstuhl: Haben Sie einen Kinderstuhl? Have you got a **high chair**? häw ju gott ä hei tchäir
Kinderteller a child's plate ä tcheilds pläit
Kinderwagen: Kann ich den Kinderwagen hier abstellen? Can I leave the **pram** here? känn ei liew the prämm hier
Kinn a **chin** ä tschinn
Kino: Wo gibt es hier ein Kino? Where is there a **cinema**? wer is ther ä *sinn*ämah

Kirche: Wo ist die evangelische/katholische Kirche? — Where is the Protestant/Catholic **church**? *wer is the prottesstent/kätholick tschöhtsch*

Kirsche — a cherry *ä tscherri*
Kissen (Kopfkissen) — a pillow *ä pillo*
klar: Ist alles klar? — Is everything **OK**? *is ewriething ohkäi*
Klar! — **Of course**! *ow kors*
klären: Klären Sie das bitte! — Would you **sort that out**. *wudd ju sohrt thätt aut*

Klasse: 1./2. Klasse — 1st/2nd class *föhst/seknd klahs*
Klasse! — Great! *gräit*
klebrig — sticky *sticki*
Klebstoff — an adhesive *änn ädhiesiw*
Kleid: Sie haben/du hast ein schönes Kleid an. — You're wearing a pretty **dress**. *jur wäring ä pritti dress*
Kleiderbügel — a coathanger *ä kohthänga*
Kleiderbürste — a clothes-brush *ä klohths brasch*
klein — **small** *smohrl*
Kleingeld: Haben Sie Kleingeld? — Do you have **change**? *du ju häw tchäintsch*
klemmen: Die Tür/das Fenster klemmt. — The door/window is **stuck.** *the dohr/winndo is stack*
Klima — a climate *ä kleimet*
Klimaanlage: mit Klimaanlage — with **air-conditioning** *with er konndischonning*

Klingel — a bell *ä bell*
klopfen: Der Motor klopft. — The engine is **pinking.** *thi endschinn is pingking*
Hat es geklopft? — Did someone **knock**? *did sammwann nock*
Kloster (für Nonnen) — a convent *ä konnwent*
(für Mönche) — a monastery *ä monnestri*
klug — **clever** *klewwa*
Knie — a **knee** *ä nie*
Knoblauch: Ist das mit Knoblauch? — Does that contain **garlic?** *daas thätt kontäin gahlick*
Knöchel (Fuß) — an **ankle** *änn änkel*
Knochen — a bone *ä bohn*
Knopf — a button *ä batten*
Koch — a cook *ä kuck*
kochen: Sie kochen sehr gut. — You cook very well. *ju kuck werri well*
Der Motor kocht. — The engine is **overheating**. *thi endschinn is owahieting*
Kochtopf — a saucepan *ä sohrspen*
Koffer: Wo ist mein Koffer? — Where's my **suitcase**? *wers mei sjutkäis*
Mein Koffer ist weg. — My suitcase has gone. *mei sjutkäis häs gonn*
Kofferkuli — a luggage trolley *ä lagidsch trolli*

Kofferraum	a boot	ä but
Kognak: Einen Kognak, bitte! → Getränkekarte.	A **cognac** please.	ä *konn*jäck plies
Kohl	a cabbage	ä *käbb*itsch
Kohlensäure: ein Getränk mit/ohne Kohlensäure	a fizzy/non-fizzy drink	ä *fissi*/nonn *fissi* drink
Koje	a bunk	ä bank
Kolben	a piston	ä *piss*ten
Kolbenring	a piston ring	ä *piss*ten ring
Kolik: Ich habe eine Kolik.	I feel colicky.	ei fiel *koll*icki
komisch: Das ist komisch.	That's **funny**.	thätts *fann*i
kommen: Komm/kommen Sie!	Come on!	kamm onn
Kommen Sie mit?	Are you coming?	aah ju *kamm*ing
Wann kommt Tim?	When is Tim coming?	wenn is timm *kamm*ing
Ich komme wieder.	I'll **be back**.	eil bie bäck
Wie komme ich nach/zu...?	How do I **get to...**?	hau du ei gett tu
Woher kommen Sie/kommst du?	Where do you come from?	wer du ju kamm fromm
Ich komme/wir kommen aus...	I/we come from...	ei/wie kamm fromm
Kompaß	a compass	ä *kamm*pes
Kompliment: Mein Kompliment!	My **compliments**!	mei *komm*pliments
kompliziert: Es ist (nicht) kompliziert.	It's (not) **complicated**.	itts (nott) *komm*plikäited
Kondom	a condom	ä *konn*domm
können: Kann ich...haben?	**Can** I have...?	känn ei häw
Können Sie...?	Can you...?	känn ju
Er/ich kann/wir können (nicht)...	He/I/we can (not)...	hie/ei/wie känn (nott)
Wir konnten (nicht)...	We could (not)...	wie kudd nott
Könnten Sie bitte...?	Could you please...?	kudd ju plies
Könnte ich...?	Could I...?	kudd ei
Konsulat: Wo ist das...Konsulat?	Where is the...**consulate**?	wer is the...*konns*julet
Kontaktlinsen	contact lenses	*konn*täckt lennses
Konzert: Ich möchte/wir möchten ein Konzert besuchen.	I'd/we'd like to go to a **concert**.	eid/wied leik tu go tu ä *konn*söt
Kopf	a **head**	ä hädd
Kopfsalat	a lettuce	ä *lett*es
Kopfschmerzen: Ich habe Kopfschmerzen.	I've got a **headache**.	eiw gott ä *hädd*äik
Kopfschmerztablette: Ich brauche eine Kopfschmerztablette.	I need a **headache tablet**.	ei nied ä *hädd*äik *täbb*lett
Kopftuch	a headscarf	ä *hädd*skahf
Korb	a **basket**	ä *bask*ett
Korkenzieher	a corkscrew	ä *kohrks*kru
Körper: am ganzen Körper frieren	to be cold **all over**	tu bie kohld ohrl owa

Kosmetikabteilung	a cosmetics department ä koss*metf*icks di*pah*tment
kosten: Was kostet das?	What does that **cost**? wott daas thätt kost
Kann ich davon kosten?	Can I **try** some? känn ei trei samm
köstlich: Das schmeckt köstlich.	That tastes **exquisite**. thätt täists eck*skwi*sitt
Kostüm	a suit ä sjut
Kotelett	a chop ä tschopp
→ Speisekarte.	
Kotflügel	a wing ä wing
Krabbencocktail	a prawn cocktail ä prohrn *cock*täil
→ Speisekarte.	
Kraftfahrzeugschein	a vehicle registration document ä *wie*-ickl redschi*strä*schen *dock*jument
kräftig	strong strong
Krampfadern	varicose veins *wärr*ikass wäins
krank: Ich bin krank.	I'm **ill**. eim ill
Krankenhaus: Wo ist das nächste Krankenhaus?	Where is the nearest **hospital**? wer is the nierest *hoss*pitel
Haben Sie eine Notaufnahme?	Have you got an emergency unit? häw ju gott änn im*möh*dschennsi *ju*nitt
→ Ärztliche Versorgung.	
Krankenschwester	a nurse ä nöhs
Krankenwagen: Rufen Sie schnell einen Krankenwagen.	Call an **ambulance** quickly! kohrl änn *ämm*bjulens *kwick*li
Krankheit	an illness änn *ill*ness
Krawatte	a tie ä tei
Krebs (am Strand)	a crab ä cräbb
Kreditkarte: Akzeptieren Sie Kreditkarten?	Do you accept **credit cards**? du ju äck*sept kredd*it kahds
Kreis	a **circle** ä *söh*kel
Kreislaufstörungen	circulation trouble söhkju*läi*schen *trabb*el
Kreisverkehr	a roundabout ä *raund*ebaut
→ Verkehrsregeln.	
Kreuzung	a junction ä *tschank*schen
Krise	a crisis ä *krei*sis
Krücken	crutches *kratt*sches
Küche: Wo gibt es regionale/internationale Küche?	Where is there regional/international **cuisine**? wer is ther *rie*tschnell/innter*näsch*nell kwi*sien*
→ Essen und Trinken.	
Kuchen: ein Stück Kuchen	a piece of **cake** ä pies ow käik
Kugelschreiber	a biro ä *bei*ro
Kuh	a cow ä kau
kühl	**cool** kuhl
Kühler	a radiator ä *räid*läita

Kühlerwasser	radiator water *räi*diäita *wohr*ta
Kühlschrank: Legen Sie das bitte in den Kühlschrank.	Please put it in the **fridge.** plies putt itt inn the fridsch
kümmern: Kümmern Sie sich bitte darum.	Please **look after** that. plies luk after thätt
Kunst	**art** aht
Kunstgalerie	an art gallery änn aht *gäll*eri
Künstler: Wie heißt der Künstler?	What's the name of the **artist?** wotts the näim ow thi *ah*tist
Kupplung	a clutch ä klatsch
Kurs: Wie steht der Kurs?	What's the **exchange rate?** wotts thi icks*tschäinsch* räit
Kurve	a bend ä bend
kurz: Ist das der kürzeste Weg?	Is that the **shortest** way? is thätt the *schohr*test wäi
Kurzschluß	a short-circuit ä schohrt *söh*ket
kurzsichtig	short-sighted schort *seit*ed
Kuß	a kiss ä kiss
küssen	to **kiss** tu kiss
Küste	a coast ä kohst
Küstenwache	coastguard *kohst*gahd
lächeln: Bitte lächeln!	Smile please! smeil plies
lachen	to **laugh** tu lahf
lächerlich: Das ist lächerlich.	That's **ridiculous.** thätts ri*dick*jules
Lachs	a salmon ä *sämm*en
Lack (Auto)	paint(work) päint(wöhk)
Lammfleisch → Speisekarte.	lamb lämm
Lampe	a lamp ä lämp
Land: auf dem Land	in the country in the *kann*tri
Aus welchem Land?	From what country? fromm wott *kann*tri
Ich gehe an Land.	I'll go ashore. eil go e*schohr*
landen: Wann landet die Maschine (aus...).	When does the plane (from...)**land?** wenn daas the pläin (fromm...) länd
Landkarte: Haben Sie eine Landkarte von...?	Have you got a **map** of...? häw ju gott ä mäpp ow
Landschaft	scenery *sien*erie
Landstraße → Verkehrsregeln.	a **B road** ä *bie* rohd
lang	**long** long
lange: Wie lange dauert das?	How **long** will it last? hau long will itt lahst
Wie lange brauche ich nach...?	How long will it take to get to...? hau long will itt täik tu gett tu
langsam: Bitte (sprechen Sie) langsam.	(Talk) slowly please. (tohrk) *sloh*li plies
Languste	crayfish *kräi*fisch
langweilig	boring *bohr*ing

Lärm: Dieser Lärm ist unerträglich.
This noise is unbearable.
thiss nois is ann*bä*rebl
lassen: Lassen Sie mich los!
Let me go! lett mie go
laufen: Kann man dahin laufen?
Can you walk there?
känn ju wohrk ther

Lauf!/Laufen Sie!
Run! rann
Laune: Ich habe gute/schlechte Laune.
I'm in a good/bad mood.
eim inn ä gudd/bädd mud
laut: Mein/unser Zimmer ist zu laut.
My/our room is too loud.
mei/aua ruhm is tu laud
leben: Leben Sie hier?
Do you live here? du ju liw hier
Lebensmittel
groceries *groh*series
Leber
a liver ä *liww*a
lebhaft
lively *leiw*li
Leder: Ist das echtes Leder?
Is that real **leather?** is thätt riel letha
ledig: Ich bin ledig.
I'm **single.** eim *sing*-gl
leer
empty *emp*ti
legal
legal *lie*gel
leger
casual *käsch*juäl
Lehrer/-in
a teacher ä *tiet*scha
leicht: Das ist nicht leicht.
That's not easy. thätts not *ies*i
leid: Es tut mir leid.
I'm sorry. eim *sorr*i
leiden: Ich leide an...
I **suffer** from... ei *saff*a fromm
leider: Leider (nicht)!
Unfortunately (not).
ann*fohr*tschenättli (nott)

leihen: Leihen Sie mir Ihr .../leihst du mir dein...?
Would you lend me your...?
wudd ju lend mie jur
Wo kann man hier...leihen?
Where can I rent...here?
wer känn ei rent...hier

→ Fahrzeugverleih.

leisten: Das kann ich mir nicht leisten.
I can't **afford** that.
ei kahnt e*ffohrd* thätt
Lenkung
steering *stie*ring
lernen: Ich möchte...lernen.
I'd like to learn...
eid leik tu löhn
lesen: etwas zu lesen
something to read *samm*thing tu ried
letzte/-r/-s: letztes Jahr/letzte Woche
last year/last week
lahst jier/lahst wiek
Das ist mein letzter Tag.
It's my last day. itts mei lahst däi
Leuchtturm
a lighthouse ä *leit*haus
Leute
people *pie*pel
Licht: Das Licht geht nicht.
The light doesn't work.
the leit daasnt wöhk
Lichthupe: Die Lichthupe benutzen.
To **flash** one's **headlights**.
tu fläsch wanns *hädd*leits
Lichtmaschine
a dynamo ä *dei*nämo
Lidschatten
an eye-shadow änn *ei* schäddo
lieben: Ich liebe dich/Sie.
I love you. ei lahw ju

Liebst du mich?	Do you love me? du ju lahw mie
lieber: Ich möchte lieber...	I'd rather... eid *rah*tha
Lieber nicht!	I'd rather not. eid *rah*tta nott
Liebling	darling *dah*ling
Lied: Bitte spielen Sie mir das Lied...	Please play me the **song**... plies pläi mie the song
Lieferwagen	a van ä wänn
Liege (Camping)	a camp bed ä *kämm*p bedd
liegenlassen: Ich habe... liegenlassen.	I've **left...behind.** eiw lefft...bi*heind*
Liegesitz	a reclining seat ä ri*klei*ning siet
Liegestuhl: Ich möchte einen Liegestuhl.	I'd like a **deckchair**. eid leik ä *deck*tschäir
Liegewagen: mit Liegewagen	with **couchette coach** with ku*schett* kohtsch
Likör	a liqueur ä li*köhr*
Getränkekarte.	
lila	purple *pöh*pel
Limonade	a lemonade ä leme*näid*
Limone	a lime ä leim
Linie. Welche Linie fährt nach...?	Which line goes to...? witch lein gos tu
Linienflug: Gibt es einen Linienflug nach...?	Is there a **scheduled flight** to...? is ther ä *sked*juld fleit tu
links: nach links	to the left tu the lefft
Linkshänder: Ich bin Linkshänder/-in.	I'm **left-handed**. eim lefft *hän*ded
Lippen	**lips** lipps
Lippenstift	a lipstick ä *lipp*stick
Liste	a list ä list
Liter	a litre ä *li*ta
→ Anhang, Maße und Gewichte.	
Lkw	a lorry ä *lor*ri
Lkw-Fahrer	a lorry driver ä *lor*ri dreiwa
Lob	praise präis
Loch	a hole ä hohl
Löffel: Bringen Sie mir bitte einen Löffel!	Would you please bring me a **spoon**. wudd ju plies bring mie ä spuhn
Loge	a box ä bocks
lohnen: Lohnt es sich?	Is it **worth** it? is itt wöhth itt
Lokal: Welches Lokal können Sie empfehlen?	What restaurant would you recommend? wott *res*tohront wudd ju recko*mend*
→ Essen und Trinken.	
los: Was ist los?	What's the **matter**? wotts the *mät*ta
Los!	Off we go! off wie go
losfahren: Wann fahren Sie/ wir los?	When do we **set off**? wenn du wie sett off

losgehen: Wann geht es los?	When does it **start**?	wenn daas itt staht
Lotion	a lotion	ä *loh*schen
Luft	**air**	er
Luftmatratze	an airbed	änn *er*bedd
Luftpost: per Luftpost	by **airmail**	bei *er*mäil
Luftpumpe	a pump	ä pammp
Lunchpaket: Kann ich/können wir ein Lunchpaket haben?	Could I/we have a **packed lunch**?	kudd ei/wie häw ä päckt lahnsch
Lunge	a **lung**	ä lang
Lungenentzündung	pneumonia	nju*moh*nia
Lust: Ich habe (keine) Lust (dazu).	I (don't) **feel like** it.	ei (dohnt) fiel leik itt
Luxus	luxury	*lack*schäri
machen: Das macht nichts.	That **doesn't** matter.	thätt daasnt *mätt*a
Mach's/macht's gut!	See you!	sie ju
Was machen Sie/machst du heute abend?	what are you **doing** this evening?	wott aah ju duing thiss *iew*ning
Wie macht man das?	How do you do that?	hau du ju du thätt
Mädchen	a **girl**	ä göhl
Mädchenname	a maiden name	ä *mäid*en näim
Magen	a **stomach**	ä *stamm*eck
Magengeschwür	an ulcer	änn *all*sa
Magenschmerzen: Ich brauche etwas gegen Magenschmerzen.	I need something against **stomach-pains**.	ei nied *samm*thing egäinst *stamm*eck päins
Magenverstimmung	an upset stomach	änn *ap*sett *stamm*eck
mager: mageres Fleisch	**lean** meat	lien miet
Make-up	make-up	*mäik* ap
Mal: zum ersten Mal	for the first **time**	for the föhst teim
dieses/letztes/nächstes Mal	this/the last/the next time	thiss/the lahst/the neckst teim
ein anderes Mal	another time	e*natha* teim
Malerei	painting	*päin*ting
man: Muß man...?	Do **you** have to...?	du ju häw tu
Wo kann man...?	Where can one...?	wer känn wann
manchmal	**sometimes**	*samm*teims
Mandarine	a mandarine	ä *männ*derinn
Mandelentzündung	tonsilitis	tonnsil*ei*tis
Mandeln (Nüsse)	almonds	*ahm*ends
(Körper)	tonsils	*tonn*sills
Maniküre	a manicure	ä *männ*ikjür
Mann: mein Mann	my husband	mei *has*bännd
ein Mann	a man	ä män
die Männer	**men**	menn
Mantel	a **coat**	ä koht
Margarine	a margarine	ä mahdscha*rien*
Markt	a **market**	ä *mah*ket
Marktplatz	a marketplace	ä *mah*ketpläis

Marmelade: Kann ich noch etwas Marmelade haben?
Could I have some more **jam**?
kudd ei häw samm mohr dschämm

> »Jam« ist der allgemeine englische Begriff für Marmelade. Man spricht aber auch von »marmelade« (mahmeläid) und meint damit ausschließlich Marmelade aus Zitrusfrüchten.

Masern	the measles the *mie*sels
Maß: nach Maß	to **measure** tu *mesch*a
Massage	a massage ä *mäss*ahdsch
Maße	measures *mesch*as
→ Anhang, Maße und Gewichte.	
Massenkarambolage	a mass pile-up ä mäss *peil* ap
Mast	a mast ä mahst
Matratze	a matress ä *mätt*ress
Mauer	a wall ä wohrl
Maus: In meinem Zimmer ist eine Maus.	There's a **mouse** in my room. thers ä mauss in mei ruhm
Maximum	a maximum ä *maxi*mamm
Mayonnaise	mayonnaise mäijon*näis*
Medikament	a medicine ä *medd*sinn
Meer: am/ans/ins Meer	at/to/into the **sea** ätt/tu/inntu the sie
Meeresfrüchte	seafood *sie*fudd
mehr: Etwas mehr, bitte!	Some more please. samm mohr plies
nicht mehr länger	no longer no *long*-ga
nicht mehr	no more no mohr
mehrere	several *sew*wrel
Mehrwertsteuer	VAT wie-ä-tie
mein: Das ist mein...	That's my ... thätts mei
Das ist meins.	That's mine. thätts mein
Das sind meine...	Those are my... thoos aah mei
Das sind meine.	Those are mine. thoos aah mein
meistens	**mostly** mohs*tli*
melden: Wer meldet sich da?	Who will **answer**? hu will *ahn*sa
Hat sich jemand gemeldet?	Did anyone answer? didd *änni*wann *ahn*sa
Menge: eine Menge Leute/Zeit	a lot of people/time ä lott ow *pie*pel/teim
Mensch	a person ä *pöh*sen
Menstruationsbeschwerden: Ich habe Menstruationsbeschwerden.	I've got **problems** with my **period**. eiw gott *problem*ms with mei *pie*riad
Messe (Handel)	a trade fair ä träid fer
Messer: Bringen Sie mir bitte ein Messer.	Would you please bring me a **knife**. wudd ju plies bring mie ä neif
Meter	a metre ä *mie*ta
→ Anhang, Maße und Gewichte.	

Metzgerei	a butcher's ä *butt*schas
mich: Das ist für mich.	That's for me. thätts for mie
Mietauto	a hire car ä *heia* kaah
→ Fahrzeugverleih.	
mieten: Kann ich ein Auto/ Boot/Fahrrad mieten?	Can I **rent** a car/boat/bike? känn ei rent ä kaah/boot/beik
→ Fahrzeugverleih.	
Migräne	a migraine ä *mie*gräin
Milch: ein Glas Milch	a glass of milk ä glahss ow milk
mild: Ist das/es mild?	Is that/it **mild**? is thätt/itt meild
minderjährig: Er ist minderjährig.	He ist a **minor**. hie is ä *mei*na
mindestens	**at least** ätt liest
Mineralwasser: ohne/mit Kohlensäure	a fizzy/still **mineral water** ä *fissi*/still *minn*erel wohrta
Minimum	a minimum ä *mini*mamm
minus: minus 10 Grad	**minus** 10 degrees *mei*ness tenn d*igries*
Minute: in 10 Minuten	in 10 **minutes** inn tenn *minn*its
mir: mit/von mir	with/by me with/bei mie
Mißverständnis: Das ist ein Mißverständnis.	That's a **misunderstanding**. thätts ä missanndas*tänd*ing
mit	**with** with
mitbringen: Bringen Sie Silvia mit.	**Bring** Silvia **along**. bring *Sil*wia e*long*
Ich bringe Wein mit.	I'll bring some wine. eil bring samm wein
mitfahren: Wollen Sie mitfahren?	Would you like to **come along**? wudd ju leik tu kamm e*long*
Ich möchte mitfahren.	I'd like to come (along). eid leik tu kamm (e*long*)
Mitfahrgelegenheit: Ich suche eine Mitfahrgelegenheit.	I'm looking for a **lift**. eim lucking for ä lifft
mitgehen: Gehen Sie mit?	Are you **coming along**? aah ju *kamm*ing e*long*
Ich gehe mit.	I'll come along. eil kamm e*long*
Mitglied: Muß man Mitglied sein?	Do you have to be a **member**? du ju häw tu bie ä *memm*ba
Ich bin Mitglied	I'm a member. eim ä *memm*ba
mitnehmen: Können Sie mich (im Auto) mitnehmen?	Could you **give** me a **lift**? kudd ju giw mie ä lifft
Kann ich Sie/dich mitnehmen?	Can I give you a lift? känn ei giw ju ä lifft
Kann ich das mitnehmen?	Can I **take** that **with** me? känn ei täik thätt with mie
Mittag: zu Mittag	for **lunch** for lahnsch
Mittagessen: Wann gibt es Mittagessen?	When is lunch? wenn is lahnsch

mittags	at lunchtime ätt *lahnsch*teim
Mitte: in der Mitte	in the **middle** inn the *midd*l
Mitte Juni	in mid-June
	inn midd *tchuhn*
Mitternacht: um Mitternacht	at **midnight** ätt *midd*neit
Möbel	furniture *föhn*itscha
modern	modern *modd*en
mögen: Ich mag keinen Fisch/ kein Fleisch.	I don't **like** fish/meat. ei dohnt leik fisch/miet
Ich mag dich/Sie gerne.	I like you a lot. ei leik ju ä lott
Das mag ich (nicht).	I (don't) like that.
	ei (dohnt) leik thätt
Möchten Sie...?	Would you like...? wudd ju leik
Ich möchte...	I'd like... eid leik
Was möchten Sie?	What would you like? wott wudd ju leik
möglich: Ist es möglich...?	Is it **possible**...? is itt *possi*bl
möglichst schnell	as quickly as possible
	äs *kwick*li äs *possi*bl
Möglichkeit: Ist das die einzige Möglichkeit?	Is that the only **possibility?** is thätt thi *ohn*li possi*bill*itti
Moment: Einen Moment, bitte!	One **moment** please. wann *moh*ment plies
momentan	at present ätt *pres*ent
Monat	a month ä mannth
→ Anhang, Monate.	
Mond	**moon** muhn
Moped	a moped ä *moh*pedd
morgen: bis morgen	See you tomorrow! sie ju tu*morro*
morgen früh/nachmittag/abend	tomorrow morning/afternoon/evening tu*morro moh*ming/ahfta*nun*/*iew*ning
heute morgen	this morning thiss *moh*ming
Morgen: Guten Morgen!	Good **morning**! gudd *moh*ming
morgens	in the morning inn the *moh*ming
Motor (Auto)	an **engine** änn *end*schinn
Motorboot	a motorboat ä *moh*taboht
Motorhaube	a bonnet ä *bonn*et
Motorrad	a motorbike ä *moh*tabeik
Motorradfahrer	a motorcyclist ä *moh*taseiklist
Motorroller	a scooter ä *skuh*ta
Mücken: Haben Sie etwas gegen Mücken?	Have you got something to keep **gnats** off? häw ju gott *samm*thing tu kiep *nätts* off
Mückenstich	a gnat bite ä *nätt* beit
müde: Ich bin müde.	I'm tired. eim *tei*ad
Mühe: Machen Sie sich keine Mühe.	Don't put yourself to any **trouble**. dohnt putt jurself tu änni *trabb*el
Müll	rubbish *rabb*isch
Mund	a **mouth** ä mauth

Münze	a coin ä keun
Muschel: (Schale)	a shell ä schell
Ich möchte Muscheln essen.	I'd like to eat **mussels**.
	eid leik tu iet *massel*s
Museum	a museum ä mju*sie*äm

> In Großbritannien hat man freien Eintritt zu den staatlichen und städtischen Museen und Galerien. Bei den Öffnungszeiten bestehen Unterschiede, jedoch öffnen die meisten wochentags um 10.00 Uhr und schließen zwischen 17.00 und 18.00 Uhr. Schlösser etc. öffnen oft nur nachmittags.

Musik: Können Sie die Musik etwas lauter/leiser machen?	Could you turn the **music** up/down a bit. kudd ju töhn the *mju*sick ap/daun ä bitt
Muskel	a **muscle** ä *massel
Muskelkater: Ich habe Muskelkater.	My **muscles** ache. mei *massel*s äik
müssen: Ich muß...	I must... ei masst
Muß ich...?	Do I have to...? du ei häw tu
Mutter: meine Mutter	my mother mei *matha*
Mütze	a cap ä käpp
nach: nach Ihnen	after you *ahfta* ju
nach...Uhr	after...o'clock *ahfta*...oh*klock*
nach rechts/links	to the right/left tu the reit/lefft
Nachbar/in	a neighbour ä *näi*ba
nachlösen	to pay on the train tu päi on the träin
Nachmittag: heute Nachmittag	this afternoon thiss ahfta*nun*
nachmittags	in the afternoon inn thi ahfta*nun*
nachprüfen	to check tu tcheck
nachrechnen: Bitte rechnen Sie das nochmal nach.	Please **check** that again. plies tcheck thätt e*gäin*
Nachricht: Kann ich eine Nachricht für...hinterlassen?	Can I leave a **message** for...? känn ei liew ä *mess*idsch for
Ist eine Nachricht für mich da?	Is there a message for me? is ther ä *mäss*idsch for mie
nachsehen: Bitte sehen Sie in dem Zimmer nach.	Please **have a look** in the room. plies häw ä luck inn the ruhm
nachsenden: Können Sie mir bitte die Post/das Gepäck nachsenden?	Would you please **forward** my mail/luggage? wudd ju plies *for*wed mei mäil/*lag*idsch
nächste(r,s): Wo ist der/die/das nächste...?	Where is the **nearest**...? wer is the *nier*est
Nacht: Gute Nacht!	Good night! gudd neit
Nachtisch → Speisekarte.	a dessert ä di*söht*
Nachtklub: Gibt es hier einen Nachtklub?	Is there a **nightclub** here? is ther ä *neit*klabb hier

Nachtleben	night-life *neit* leif
Nachtportier	a night-porter ä neit *pohr*ta
nachts	at night ätt neit
nackt	nude njud
Nadel: Ich brauche Nadel und Faden.	I need a needle and thread. ei nied ä *niedl* änd thredd
Nagel	a nail ä näil
Nagelfeile	a nail-file ä *näil* feil
Nagellack	a nail-varnish ä *näil wah*nisch
Nagellackentferner	a nail-varnish remover ä *näil wah*nisch ri*muh*wa
Nagelschere	nail-scissors näil *siss*as
nah: nah an	near to nier tu
Nähe: Ist es in der Nähe von ...?	Is it near...? is itt nier
nähen: Können Sie das nähen?	Can you sew that? känn ju so thätt
Name: Mein Name ist... Wie ist Ihr Name?	My name is... mei näim is What's your name? wotts jur näim
Nase	a nose ä nohs
Nasenbluten: Ich habe häufig Nasenbluten.	I often have nosebleeds. ei *of*ten häw *nohs*blieds
naß	wet wett
national	national *näsche*nell
Nationalität	nationality näsche*nell*iti
Naturschutz: Steht diese Pflanze unter Naturschutz?	Is this plant under protection order? is thiss plahnt annda pro*teck*schen ohrda
Nebel	a fog ä fogg
neben: Setzen Sie sich/setze dich neben mich.	Sit next to me. sitt neckst tu mie
Nebenstraße	a side street ä *seid* striet
neblig	foggy *fogg*i
Neffe: mein Neffe	my nephew mei *neff*ju
nehmen: Nehmen Sie Zucker/Milch?	Do you take sugar/milk? du ju täik *schug*ga/milk
nein	no no
nennen: Wie nennt man das?	What's that called? wotts thätt kohrld
Nervenzusammenbruch	a nervous breakdown ä *nöh*wes *bräik*daun
nervös	nervous *nöh*wes
nett: Das ist sehr nett von Ihnen.	That's very nice of you. thätts werri *neiss* ow ju
Netz	a net ä nett
neu	new nju
Neujahr: Gutes neues Jahr! → Feiertage.	Happy New Year! *häpp*i nju jier
neulich	recently *ri*senntli
nicht: nicht mehr Nicht!	no more no mohr No! no

ich nicht	not me nott mie
Nichte: meine Nichte	my **niece** mei niess
Nichtraucher: Ich bin Nichtraucher.	I **don't smoke.** ei dohnt smohk
nichts: Ich möchte nichts (mehr).	I don't want any (more). ei dohnt wonnt änni (mohr)
nie: Ich war noch nie hier.	I've never been here before. eiw newwa bien hier bifor
niedrig	**low** lo
niemand: Ich kenne niemand.	I know nobody. ei no noboddi
Niere	a kidney ä kiddni
Nierenschmerzen: Ich habe Nierenschmerzen.	My **kidneys hurt.** mei kiddnis höht
nirgends	**nowhere** nower
noch: Noch etwas Fleisch, bitte.	Some more meat please. samm mohr miet plies
Noch einmal, bitte.	Once more please. wanns mohr plies
Norden: im Norden (von)	in the **north** (of) inn the north (ow)
normal	normal nohrmel
normalerweise	normally nohrmeli
Notarzt: Rufen Sie den Notarzt!	Call an ambulance! kohrl änn ämmbjulens
Notaufnahme: Ist das ein Krankenhaus mit Notaufnahme	Does the hospital have an **emergency unit**? daas the hosspittel häw änn immöhdschennsi junitt
Notausgang: Wo ist der Notausgang?	Where is the **emergency exit**? wer is thi immöhdschennsi ecksit
Notbremse	a communication cord ä kommjunikäirschen kohrd
Notfall: Das ist ein Notfall.	It's an **emergency.** itts änn immöhdschennsi
nötig: Das ist nicht nötig.	That's not necessary. thätts nott nessesäri
Ist das unbedingt nötig?	Is that absolutely necessary? is thätt äbbsoluti nessesäri
Notruf	an emergency call änn immöhdschennsi kohrl

> Über die Notrufnummer 999 erreicht man im Notfall Feuerwehr, Polizei und Krankenwagen.

nüchtern	sober soba
Nudeln → Speisekarte.	pasta pässta
Nummer → Anhang, Zahlen.	a number ä nammba
Nummernschild	a number plate ä nammba pläit
nur: nur zwei	only two ohnli tu

nur ein wenig	just a little dschasst ä *litt*l
Nuß	a nut ä natt
nützlich	**useful** *jus*fl
oben: (im Haus)	**upstairs** ap*stärs*
oben in den Bergen	up in the mountains ap inn the *maun*tenns
oben ohne	topless *topp*less
Ober: Herr Ober!	Waiter! *wäi*ta
Oberweite	bust measurement basst *mesch*ament
Objektiv	a lens ä lenns
Obst	**fruit** fruht
Obstkuchen	a fruit-cake ä *fruht* käik
Obstsalat	a fruit-salad ä *fruht* säll*äd*
obwohl	**although** ohrl*tho*
oder	**or** ohr
offen: Wie lange haben Sie offen?	How long are you open? hau long aah ju oh*pen*
öffnen: öffnen Sie bitte das Fenster/die Tür!	Please **open** the window/door. plies *oh*pen the *winn*do/dor
oft	**often** *off*ten
ohne: ohne Sahne	without cream with*aut* kriem
ohnmächtig: Sie/er ist ohnmächtig.	She's/he's **fainted**. schie/hies *fäin*ted
Ohr	an **ear** änn ier
Ohrenarzt	an ear specialist änn *ier spesch*elist
Ohrenschmerzen: Ich habe Ohrenschmerzen.	I've got **earache**. eiw gott *ier*äik
Ohrring	an earring änn *ier*ring
Öl: Öl wechseln, bitte!	Please change the **oil**. plies tchäintsch thi eul
Mein Wagen verliert Öl.	My car's losing **oil**. mei kaahs *lu*sing eul
Essig und Öl, bitte!	The vinegar and oil please. the *winn*egga änd eul plies
Olive	an olive änn *oll*iw
Olivenöl	olive oil *oll*iw eul
Omelett(e) → Speisekarte.	an omelette änn *omm*lett
Onkel: mein Onkel	my uncle mei *ann*kel
Oper	an opera änn *op*era
operieren: Muß ich operiert werden?	Will I need an **operation?** will ei nied änn opper*äi*schen
Ich bin an ...operiert worden.	I've had an operation on... eiw hädd änn opper*äi*schen onn
Optiker	an opthalmic optician änn opp*thäll*mick op*tisch*en
Orange	an orange änn *orr*indsch
Orangensaft: ein Glas Orangensaft	a glass of **orange juice** a glahs ow *orr*indsch dschuhss

Ordnung: In Ordnung!	OK ohkäi
Ort: der nächste Ort	the next **town** the neckst taun
Orthopäde	an orthopaedic specialist
	änn orthopiedick speschellist
Ortsgespräch	a local call ä lohkel kohrl
Osten: im Osten (von)...	in the **east** (of)... inn thi iest (ow)
Ostern: Frohe Ostern!	Happy **Easter**! häppi iesta
→ Feiertage.	
Österreich	Austria osstria
Österreicher/in: Ich bin	I'm **Austrian.**
Österreicher/-in.	eim osstriän
die Österreicher	the Austrians thi osstriäns
österreichisch	Austrian osstriän
Paar: zwei Paar Schuhe	two **pairs** of shoes tu pärs ow schuhs
paar: ein paar Tage	a **few** days ä fju däis
nur ein paar	just a few dschasst ä fju
packen: Ich muß noch packen.	I still have to **pack.** ei still häw tu päck
Paket	a parcel ä pahsel
Panik: Keine Panik!	Don't **panic**! dohnt pännick
Panne: Ich habe eine Panne.	My car's **broken down.**
	mei kaahs broken daun

Im Falle einer Panne kann man sich auch von Privatpersonen abschleppen lassen. Notrufsäulen stehen nur an den Autobahnen zur Verfügung.

Papier: Ich brauche ein Blatt	I need a sheet of paper.
Papier.	ei nied ä schiet ow päipa
Meine Papiere sind im Hotel.	My papers are in the hotel
	mei päipas aah inn the hotell
Papiertaschentücher	tissues tischus
Paprika: grüner/roter Paprika	a green/red pepper ä grien/red peppa
Parfüm	a perfume ä pöhfjum
Park	a park ä pahk
parken: Wo kann ich parken?	Where can I **park**? wer känn ei pahk
Darf man hier parken?	Can I park here? känn ei pahk hier
Parkett (Theater)	the stalls the stohrls
Parkhaus	a multi-storey car park
	ä malti stohri kaah pahk
Parkplatz: Ist der Parkplatz	Is the **car park** attended?
bewacht?	is the kaah pahk ättendt
Wo ist ein Parkplatz?	Where is there a **parking space**?
	wer is ther ä pahking späiss
Parkscheibe	a parking disc ä pahking dissk

In Großbritannien werden Parkscheiben Schwerbehinderten und bestimmten Berufsgruppen (z.B. Ärzten) vorbehalten.

Partner | a partner ä *path*na
Party | a party ä *pah*ti
Paß: Bitte zeigen Sie mir Ihren Paß. | Show me your passport please. schoh mie jur *pahss*pohrt plies
Wir fahren über den Paß. | We'll drive through the **pass**. wiel dreiw thru the pahss

Passagier | a passenger ä *päss*endscha
Paßbild: Wo kann man Paßbilder machen lassen? | Where can I have **passport photos** taken? wer känn ei häw *pahss*pohrt fohtos *täi*ken

passen: Diese Größe passt (nicht). | This size **fits** (doesn't fit). thiss seis fitts (daasnt fitt)
passierbar: Ist die Straße passierbar? | Is the road **passable**? is the rohd *pahss*ebl
Pastete | a pie ä pei
→ Speisekarte.
Pauschalreise | a package tour ä *päck*idsch tur
Pause: In Ipswich legen wir eine Pause ein. | We'll have a break in Ipswich. wiel häw ä bräik inn *ipp*switsch
In der Pause kaufe ich ein Eis. | I'll buy an ice-cream in the **interval**. eil bei änn eis kriem inn thi *inn*teväll
Pech: So ein Pech! | What **bad luck**! wott bädd lack
Ich habe Pech gehabt. | I was **unlucky.** ei wos ann*lack*i
Pedal | a pedal ä *pedd*l
peinlich: Das ist mir peinlich. | I feel **embarrassed** about it. ei fiel em*bärr*ässd e*baut* itt
Penicillin | penicillin penni*sill*in
Pension: Können Sie mir eine Pension empfehlen? | Could you recommend a **guest house** to me? kudd ju recko*mend* ä gesst haus tu mie

→ Unterkunft.
per: per Auto/Flugzeug/Zug | **by** car/plane/train bei kaah/pläin/träin
perfekt | perfect *pöh*feckt
Person | a person ä *pöh*ssen
Personalausweis | an ID card änn ei *die* kahd
persönlich | personal *pöh*ssenel
Pfannkuchen | a pancake ä *pänn*käik
Pfeffer | pepper *pepp*a
Pfefferminz | peppermint *pepp*amint
Pfeffermühle: Bringen Sie mir die Pfeffermühle? | Would you mind bringing me the **pepermill**? wudd ju meind bringing mie the *pepp*a mill

Pfeife: Ich rauche Pfeife. | I smoke a **pipe.** ei smohk ä peip
Pfeifenfilter | a pipe-filter ä *peip* fillta
Pfeifenreiniger | a pipe-cleaner ä *peip* kliena
Pfeifenstopfer | a tamper ä *tämm*pa
Pfeifentabak | a pipe-tobacco ä *peip* tobäcko
Pferd | a **horse** ä hohrss

Pfingsten → Feiertage.	Whitsun *witt*sann
Pfirsich	a peach ä pietsch
Pflanze: Was ist das für eine Pflanze?	What type of plant is that? wott teip ow plahnt is thätt
Pflaster: Ich brauche ein Pflaster.	I need a **plaster**. ei nied ä *plahss*ta
Pflaume	a plum ä plamm
Pflicht: Ist das Pflicht?	Is that **obligatory**? is thätt ob*ligge*tri
Pier	a pier ä pier
Pille: Nimmst du die Pille? Ich nehme die Pille.	Do you take the **pill**? du ju täik the pill I take the pill. ei täik the pill
Pilz: ein giftiger Pilz ein eßbarer Pilz	a **toadstool** ä *tohd*stuhl a **mushroom** ä *masch*ruhm
Pinsel	a brush ä brasch
Pinzette	tweezers *twie*sas
Pistole	a pistol ä *piss*tel
planmäßig: Wann ist die planmäßige Ankunft/Abfahrt?	What is the **scheduled** arrival/departure time? wott is the *skedd*juld är*rei*wel/di*paht*scha teim
Plastik: Ist das aus Plastik?	Is that **plastic**? is thätt *pläss*tick
Plastiktüte: Ich brauche eine Plastiktüte.	I need a **plastic bag**. ei nied ä *pläss*tick bägg
platt: Der Reifen ist platt.	The tyre is **flat**. the teia is flätt
Platte: Ich möchte eine Platte von...	I'd like a **record** by... eid leik ä *reck*ohrd bei
Platz: Ist hier noch ein Platz frei?	Is there a space free here? is ther ä späiss frie hier
Nehmen Sie bitte Platz.	Please sit down. plies sitt daun
Wie heißt dieser Platz?	What's this place called? wotts thiss pläiss kohrld
Plätzchen	a biscuit ä *biss*kitt
pleite: Ich bin pleite.	I'm **broke** eim brook
Pleite: So eine Pleite!	What a **flop**! wott ä flopp
plötzlich	**suddenly** *sadde*nli
Polizei: Holen Sie die Polizei!	Call the **police**! kohrl the poh*liess*

Die Notrufnummer für die Polizei ist 999.

Pommes frites → Speisekarte.	chips/french fries tschipps/frentsch freis
Portemonnaie (Dame)	a purse ä pöhss
(Herr)	a wallet ä *woll*et
Portier	a porter ä *pohr*ta
Portion: Eine große/kleine Portion.	A large/small **helping**. ä lahdsch/smohrl *hell*ping

Porzellan: Ist das aus Porzellan?
Is that **porcelain**?
is thätt *pohr*sselen

Post: Habe ich Post?
Have I received any mail?
häw ei ri*siewd* änni mäil

Wo ist das nächste Postamt?
Where is the nearest post office?
wer is the *nier*est *pohst* offiss

Die Postämter haben durchgehend von 9.00/9.30-17.30 Uhr auf. Nur am Sa. schließen sie mittags von 12.00-12.30 Uhr. Das Trafalgar Square-Postamt in London hat Mo-Sa. 8.00-20.00 und So. 10.00-17.00 Uhr geöffnet.

Postkarte
a postcard ä *pohst*kahd

postlagernd
poste restante *posst* res*tahnt*

Im Trafalgar Square-Postamt können auch postlagernde Briefe empfangen werden, die einen Monat lang aufbewahrt werden. Adresse: Poste Restante, Trafalgar Square PO, London WC2N 4DL.

Praktischer Arzt
a general practitioner ä *dschenn*erel präck*tisch*ena

Pralinen
chocolates *tschock*lets

Preis: der erste Preis
first prize föhst preis

Preisliste: Haben Sie eine Preisliste?
Do you have a price list? du ju häw ä preiss lisst

prima!
Great! gräit

privat: Wo gibt es eine private Unterkunft?
Where can I find a **bed & breakfast** place? wer känn ei feind ä bedd änd *breck*fest pläis

→ Unterkunft.

pro: pro Liter/Stück
per litre/item pöh *li*ta/*ei*tem

pro Tag/Nacht/Woche
per day/night/week pöh däi/neit/wiek

Was kostet das pro Person?
What does it cost per person? wott daas itt kosst pöh *pöh*sen

probieren: Ich möchte gerne probieren.
I'd like to try. eid leik tu trei

Problem: Kein Problem!
No **problem**! no *probb*lem

Propeller
a propeller ä pro*pell*a

Prospekt: Haben Sie deutschsprachige Prospekte über...?
Have you got German **brochures** on...? häw ju gott *dschöh*men *broh*schas onn

Prost!
Cheers! tschiers

Prostituierte
a prostitute ä *proß*titjut

provisorisch
provisional pro*wisch*enel

Prozent: Wieviel Prozent?
How many **percent**? hau menni pöh*sent*

prüfen: Prüfen Sie das bitte nach.
Please **check** that. plies tscheck thätt

68

Pudding a blancmange ä ble*monsch*

> »Pudding« ist im Englischen ein allgemeiner Begriff für Nachspeise. Im genaueren Sinne bedeutet das Wort auch eine süße Speise aus Obst, Mehl, Zucker, Milch und Eiern (z.B. plum pudding - plamm *pud*ding).

Pullover	a pullover ä *pull*owa
Pulverkaffee	instant coffee *inn*stent *koff*ie
Pumpe	a pump ä pammp
pünktlich: pünktlich um... Seien Sie/sei bitte pünktlich!	at...on the dot ätt...onn the dott Please be punctual. plies bie *pannk*tjuäll
pur: einen puren Whisky	a **neat** whisky ä niet *wiss*ki
Putenfleisch	turkey *töh*kie
putzen	to clean tu klien
Quadratmeter: 1 qm → Anhang, Maße und Gewichte.	one **square metre** wann skwähr *mie*ta
Qualität: gute/schlechte Qualität	good/poor **quality** gudd/puhr *kwol*iti
Qualle	a jellyfish ä *tschell*ifisch
qualmen: Der Ofen qualmt.	The oven's **smoking**. the *awens smoh*king
Quarantäne	quarantine *kworr*entien
Quatsch!	Rubbish! *rabb*isch
Quelle	a spring ä spring
Quittung: Kann ich eine Quittung haben?	Can I have a receipt? känn ei häw ä ri*siet*
Rabatt: Wieviel Rabatt geben Sie?	How much **discount** do you give? hau matsch *diss*kaunt du ju giw
Radfahrer	a cyclist ä *seik*list
Radio	a radio ä *räi*dio
Rallye	a rally ä *räl*li
Rang: (Theater) erster/zweiter Rang	dress/upper circle dress/*uppa söh*kel
Rasierapparat	a razor ä *räi*sa
rasieren	to shave tu schäiw
Rasierklinge	a razor-blade ä *räi*sa bläid
Rasierschaum	shaving-cream *schäi*wing kriem
Rasierwasser	an aftershave änn *ahf*taschäiw
Raststätte	a service area ä *söh*wiss ä*ri*a
Rathaus: Wo ist das Rathaus?	Where is the **town hall**? wer is the taun hohrl
Ratte	a rat ä rätt
Rauch	smoke smohk
rauchen: Rauchen Sie? Darf ich rauchen?	Do you **smoke**? du ju smohk May I smoke? mäi ei smohk

> Rauchen ist in der Londoner U-Bahn und zum Teil in anderen öffentlichen Verkehrsmitteln verboten - Schilder weisen darauf hin. Im Kino sind Raucher gehalten, Plätze in nur einem Teil des Raumes zu nehmen. Nicht in allen Kinos ist das Rauchen erlaubt. In Geschäften ist es generell verboten.

rauh	rough *raff*
Raum	a space *ä späiss*
(Zimmer)	a room *ä ruhm*
räumen: Bis wann muß das Zimmer geräumt sein?	When do we have to **be out of** the room? *wenn du wie häw tu bie aut ow the ruhm*
raus!	Get out! *gett aut*
Rebe	a vine *ä wein*
Rechnung: Die Rechnung, bitte.	Could I have the bill please. *kudd ei häw the bill plies*
rechts: nach rechts	to the right *tu the reit*
Rechtsanwalt	a lawyer *ä leuja*
Regal	a shelf *ä schellf*
Regen	rain *räin*
Regenmantel	a raincoat *ä räinkoht*
regnen: Es regnet.	It's **raining.** *itts räining*
Es wird regnen.	It's going to rain. *itts going tu räin*
reich	**rich** *ritsch*
reichen: Danke, es reicht.	That's **enough** thank you. *thätts inaff thänk ju*
Mir reichts!	I've had enough! *eiw hädd inaff*
reif	ripe *reip*
Reifen: Ich brauche einen neuen Reifen.	I need a new **tyre**. *ei nied ä nju teia*
Reifendruck	tyre pressure *teia prescha*
Reifenpanne: Ich habe eine Reifenpanne.	I've got a **flat tyre.** *eiw gott ä flätt teia*
Reis	**rice** *reiss*
→ Speisekarte.	
Reise: Gute Fahrt!	Have a good **journey**! *häw ä gudd tchöhni*
Reisebüro	a travel agent's *ä träwwel äidschents*
Reisebus: Wo ist unser Reisebus?	Where's our **coach**? *wers auer kohtsch*
Reiseführer: Haben Sie einen deutschsprachigen Reiseführer?	Have you got a German **guidebook**? *häw ju gott ä dschöhmen geidbuck*
Reisegepäckversicherung	luggage insurance *lagidsch inschurens*
Reisegesellschaft: Ich gehöre zu dieser Reisegesellschaft.	I'm with this **party**. *eim with thiss parti*
Reisekrankheit	travel sickness *träwwel sickness*
Reiseleiter/-in: Wo ist unser(e) Reiseleiter(in)?	Where is our **courier**? *wer is aua kurria*

Reisepaß	a **passport** ä *pahss*pohrt
Reisescheck: Wo kann ich Reiseschecks einlösen?	Where can I change **traveller's cheques**? wer känn ei tchäintsch *träw*welas *tschecks*
Reiseziel	a destination ä desstin*äi*schn
Reißverschluß	a zip ä sipp
Reißzwecke	a drawing pin ä *droh*ring pinn
Rennen	a **race** ä räiss
Rentner	a pensioner ä *pen*schena
reparieren: Können Sie das reparieren?	Can you repair that? känn ju ri*päir* thätt
reservieren: Kann ich einen Platz/Tisch/ein Zimmer reservieren?	Can I **reserve** a seat/table/room? känn ei ri*söhw* ä siet/täibl/ruhm
Reservierung	a reservation ä resöhw*äi*schen
Restaurant: Können Sie mir ein Restaurant empfehlen?	Could you recommend a **restaurant** to me? kudd ju recko*mend* ä *ress*tronnt tu mi

→ Essen und Trinken, → Getränkekarte, → Speisekarte.

retten	to **save** tu säiw
Rettungsboot	a lifeboat ä *leiff*boht
Rettungsring	a lifebelt ä *leiff*bellt
Rezept: Stellen Sie mir ein Rezept aus?	Will you give me a **prescription**? will ju giw mi ä pre*skripp*schen
Ich möchte das Rezept für dieses Gericht.	I'd like the **recipe** for this dish. eid leik the *ress*ippi for thiss disch
Rezeption: Wo ist die Rezeption?	Where is the **reception desk**? wer is the ri*sepp*schen desk
rezeptpflichtig: Ist das rezeptpflichtig?	Do I **need a prescription** for that? du ei nied ä pre*skripp*schen for thätt
R-Gespräch: Ich möchte ein R-Gespräch anmelden.	I'd like to make a **reverse chargescall**. eid leik tu mäik ä ri*wöhss tschah*dsches kohrl
Rheumatismus: Ich habe Rheumatismus.	I've got **rheumatism.** eiw gott *ruh*metism
Richter	a judge ä tschadsch
richtig	**correct** kor*rekt*
Richtung: Welche Richtung?	Which direction? witsch dei*reks*chn
in welcher Richtung liegt Brighton?	Which way is it to Brighton? witsch wäi is itt tu *brei*ten
riechen	to **smell** tu smell
Riegel	a bolt ä bohlt
Rindfleisch	beef bief
Ring	a ring ä ring
Rippe	a **rib** ä ribb
Rock	a skirt ä sköht
roh: Mein Steak ist roh.	My steak is **raw.** mei stäik is rohr
Rollstuhl	a wheelchair ä *wiel*tschär

Rolltreppe — an escalator änn *ess*keläita
Roman: Haben Sie deutschsprachige Romane? — Do you have **novels in German?** du ju häw *now*wels inn *dschöh*men
romantisch — romantic roh*männ*tick
Röntgenaufnahme — an X-ray änn *ecks* räi
rosa — pink pink
Rose — a **rose** ä rohs
Rosenkohl — a Brussel sprout ä brassel *sprau*t
Rosine — a raisin ä *räi*sen
rot — red redd
Röteln — German measles *dschöh*men *mie*sels
Rotwein: ein Glas Rotwein — a glass of **red wine** ä glahss ow redd wein

→ Getränkekarte.

Rouge — rouge ruhsch
Roulett(e) — roulette ru*lett*
Rückenschmerzen: Ich habe Rückenschmerzen. — I've got **backache.** eiw gott *bäck*äik
Rückfahrkarte: eine Rückfahrkarte nach Harwich — a **return ticket** to Harwich ä ri*töhn tick*et tu *härr*itsch
Rückfahrt: Wann ist die Rückfahrt geplant? — When is the **return journey** planned for? wenn is the ri*töhn dschöh*ni plännd for

Rückflug: Ich möchte meinen Rückflug bestätigen lassen. — I'd like to confirm my **return flight**. eid leik tu ken*föhm* mei ri*töhn* fleit
Rückflugticket — a ticket for the return flight ä *tick*et for the ri*töhn* fleit

rückgängig machen: Ich möchte die Buchung/den Termin rückgängig machen. — I'd like to cancel the booking/appointment. eid leik tu *känn*sel the *buck*ing/ *äpeunt*ment
Rucksack — a rucksack ä *rack*säck
Rückseite: die Rückseite eines Gebäudes — the **back** of a building the bäck ow ä *bill*ding
Rücksitz — a back seat ä bäck *siet*
Rückspiegel — a rear-view mirror ä *rier* wju *mirr*e
rückwärts — **backwards** *bäck*weds
Rückwärtsgang — reverse gear ri*wöhss* gier
Ruderboot — a rowing boat ä *ro*ing boht
rufen — to **call** tu kohrl
Ruhe: Ruhe! — Be **quiet**! bie *kwei*et
Lassen Sie mich in Ruhe! — Leave me in **peace**! liew mie inn piess

ruhig: Das Meer ist ruhig. — The sea is calm. the sie is kahm
Wir wollen ein ruhiges Zimmer. — We want a quiet room. wie wonnt ä *kwei*et ruhm
Rührei — scrambled eggs *skrämm*beld eggs
Ruine — a ruin ä *ru*inn
Rum — rum ramm

rund — **round** raund
Rundfahrt/-gang/-reise: Wir möchten gern eine Rundfahrt/einen Rundgang/eine Rundreise durch...machen. — We'd like to go on a **tour of**... wied leik tu go onn ä tur ow
Rundwanderweg — a circular walk ä *söh*kjula wohrk
runter! — Get down! gett daun
Safe: Legen Sie das bitte in den Safe! — Please put this in the **safe**. plies putt thiss inn the säif
Saft — a **juice** ä dschuhss
sagen: Was hat er/sie gesagt? — What did he/she say? wott did hie/schie säi
Sahne: mit/ohne Sahne — with/without **cream** with/with *aut* kriem
Saison: in der Hauptsaison/Nebensaison — in the peak **season**/off season inn the piek *sie*sen/off *sie*sen
Sakko — a jacket ä *dschäck*et
Salami — salami säl*lah*mi
Salat — a salad ä *säl*äd
Salbe — an ointment änn *eunt*ment
Salz: Salz und Pfeffer, bitte! — Salt and pepper please. sollt änd *pepp*a plies

Sammeltaxi — a minicab ä *minni*käbb
Sand — **sand** sännd
Sandalen — sandals *sänn*dels
Sandstrand — a sandy beach ä *sänn*di *bietsch*
Sardellen — anchovies *änn*tchohwies
Sardinen — sardines sah*diens*
satt: Ich bin satt. — I've had **enough.** eiw häd i*naff*
sauber: Das ist nicht sauber. In meinem Zimmer ist heute noch nicht saubergemacht worden. — That's not **clean.** thätts nott klien My room hasn't been cleaned today. mei ruhm häsnt bien kliend tu*däi*
sauer: Die Milch ist sauer. — The milk has gone sour. the milk häs gonn saua

Sauerstoff — oxygen *ock*sidschenn
Schach: Spielen Sie Schach? — Do you play **chess?** du ju pläi tschess
Schachtel — a box ä bocks
schade: Wie schade! — What a **pity**! wott ä *pitti*
Schaden: Ich werde für den Schaden aufkommen. — I'll pay for the **damage.** eil päi for the *dämm*edsch
Schadenersatz: Ich verlange Schadenersatz. — I demand **compensation**. ei dimahnd kommpen*säi*schen
schaffen: Schaffen wir das noch rechtzeitig? — Will we **manage** it in time? will wie *männ*ädsch itt inn teim
Schafkäse — sheep's cheese schieps tschies
Schal — a scarf ä skahf
Schallplatte — a record ä *reck*ohrd

Schalter: ein Lichtschalter	a light **switch** ä *leit* switsch
Schaltknüppel	a gear stick ä *gier* stick
scharf: ein scharfes Messer/ eine scharfe Kurve	a sharp knife/bend ä scharp neif/bend
eine scharfe Soße	a hot sauce ä hott sohrss
Scheck: Nehmen Sie Schecks?	Do you accept **cheques?** du ju äck*sept tschecks*
Können Sie diesen Scheck einlösen?	Can you cash this cheque? känn ju käsch this tscheck
Scheckbuch	a chequebook ä *tscheck*buck
Scheckkarte	a cheque card ä *tscheck* kahd
Scheibenwischer	a windscreen wiper ä *wind*skrien *wei*pa
scheinen: Sie Sonne scheint.	The sun is **shining.** the sann is *schei*ning
Scheinwerfer: Die Scheinwerfer funktionieren nicht.	The **headlights** don't work. the *hädd*leits dohnt wöhk
Schenkel	a **thigh** ä thei
Schere	**scissors** *siss*as
schicken: Schicken Sie das an diese Adresse.	Send it to this address. send itt tu thiss ä*dress*
Schiebedach	a sunroof ä *sann*ruf
schieben	to push tu pusch
schief	not straight nott sträit
Schiff: Welches Schiff fährt nach...?	Which ship goes tu...? witch schipp gos tu
Wann legt das Schiff ab?	When does the ship sail? wenn daas the schipp säil
Wo legt das Schiff an?	Where does the ship dock? wer daas the schipp dock
Schild	a sign ä sein
Schilddrüse	a thyroid gland ä *thei*reud glännd
schimmlig	mouldy *mohl*di
Schinken	ham hämm
Schirm: ein Regenschirm	an umbrella änn amm*brella*
ein Sonnenschirm	a parasol ä *pära*soll
Schlafanzug	pyjamas pi*dschah*mas
schlafen: Ich kann nicht schlafen.	I can't **sleep.** ei kahnt sliep
Ich habe (nicht) gut geschlafen.	I slept (didn't sleep) well. ei sleppt (didnt sliep) well
Schlaflosigkeit: Ich leide an Schlaflosigkeit.	I suffer from **insomnia.** ei saffa fromm inn*somm*nia
Schlafsack	a sleeping bag ä *slie*ping bägg
Schlaftabletten: Ich brauche (leichte) Schlaftabletten.	I need some (mild) **sleeping pills.** ei nied samm (meild) *slie*ping pills
Schlafwagen: Wo sind die Schlafwagen?	Where are the **sleeping-cars?** wer aah the *slie*ping kaahs
Schlafzimmer	a bedroom ä *bedd*ruhm

Schlaganfall: Er/sie hatte einen Schlaganfall.
He/she had a **stroke**.
hie/schie hädd ä strohk

schlagen: Er hat mich mit seiner Hand geschlagen.
He hit me with his hand.
hie hitt mie with his händ

Sie hat mich beim Tennis geschlagen.
She beat me at tennis.
schie biet mie ätt tennis

Schlange: Wo ist das Ende der Schlange?
Where is the end of the **queue**?
wer is thi end ow the kju

> In Großbritannien ist das Schlangenstehen ein ungeschriebenes Gesetz, sei es in einem Geschäft, an der Bushaltestelle oder wo auch immer. Man stellt sich automatisch hinten an - wer dies nicht tut, wird höflich aber unmißverständlich auf das richtige Benehmen in der Öffentlichkeit hingewiesen.

schlank
slim slimm

Schlauch (fürs Fahrrad)
an inner tube änn *inna* tjuhb

Schlauchboot
a rubber dinghy ä rabba *ding*gi

schlecht: Mir ist schlecht.
I feel bad. ei fiel bädd

Das ist (nicht) schlecht.
That's (not) bad. thätts nott bädd

Mir wird leicht schlecht.
I easily feel sick. ei *ies*ili fiel sick

Schleuse
a lock ä lock

schließen: Wann schließen Sie?
When do you **close**? wenn du ju klohs

Schließfächer: Wo sind die Schließfächer?
Where are the **luggage lockers**?
wer aah the *lagi*dsch *lock*as

schlimm: Es ist schlimmer geworden.
It's got **worse**.
itts gott wöhss

Nicht so schlimm!
Not so **bad**. nott so bädd

Schloß: Kann man das Schloß besichtigen?
Is the **castle** open to visitors?
is the kahssl ohpen tu *wisi*tas

Schlucht
a gorge ä gohrdsch

Schlüpfer
panties *pänn*ties

Schluß: am Schluß
at the end ätt thi end

Schlüssel: Meinen Schlüssel, bitte!
My key please.
mei kie plies

Schlüsselbund
a keyring ä *kie*ring

Schlußverkauf
a sale ä säil

schmal
narrow *närr*o

Schmalfilm
an 8 mm film änn äit *milli*mieta film

schmecken: Das schmeckt sehr gut/nicht gut.
That **tastes** very good/doesn't taste good. thätt täists werri gudd/daasnt täist gudd

Es hat (nicht) geschmeckt.
I **enjoyed** (didn't enjoy) that.
ei in*dscheud* (didnt in*dscheu*) thätt

Schmerzen: Ich habe Schmerzen
I'm in **pain.** eim inn päin

Schmerztabletten: Haben Sie Schmerztabletten?
Have you got any **aspirin**?
häw ju gott änni *äss*prinn

Schmuck	jewellery *dschuh*llri
schmutzig: Das ist schmutzig.	That's **dirty**. thätts *döh*ti
Schnecken	snails snäils
schneiden: Ich habe mich geschnitten.	I've **cut** myself. eiw katt meiself
Schneiderei	a tailor's ä *täi*las
schneien: Es schneit.	It's **snowing**. itts *sno*ing
Wird es schneien?	Will it snow? will itt snoo
schnell: Nicht so schnell!	Not so fast! nott so fahst
Das ging schnell.	That went **quickly**. thätt went *kwick*li
Er ist zu schnell gefahren.	He drove too fast. hie drohw tu fahst
Schnellzug: Gibt es einen Schnellzug nach...?	Is there an **express train** to...? is ther änn ex*press* träin tu
Schnitzel → Speisekarte.	a schnitzel ä *schni*tzel
Schnitzerei	wood-carving wudd *kah*wing
Schnuller	a dummy ä *damm*i
Schnupfen	a cold ä kohld
Schnur: Haben Sie eine Schnur?	Have you got some **string**? häw ju gott samm string
Schnurrbart	a moustache ä me*stasch*
Schnürsenkel	a shoelace ä *schuh*läiss
Schock: Er/sie hat einen Schock.	He/she is suffering from **shock**. hie/schie is *saff*ering fromm schock
Schokolade: eine heiße Schokolade	a hot **chocolate** ä hott *tschock*let
eine Tafel Schokolade	a bar of chocolate ä bahr ow *tschock*let
Scholle	a plaice ä pläiss
schon: Schon gut!	Okay. oh*käi*
schon wieder	yet again jett e*genn*
Ist das Fleisch schon fertig?	Is the meat already done? is the miet ohl*reddi* dann
schön: Das ist/wäre schön.	That is/would be nice. thätt is/wudd bie neiss
Schöne Ferien!	Have a nice holiday! häw ä neiss *holli*däi
Schönheitssalon	a beauty parlour ä *bjuh*ti *pah*la
Schonzeit	close season klohs *sie*sen
Schrank	a cupboard ä *kabb*ed
Schraube: Diese Schraube ist locker.	This **screw** is loose. thiss skru is luhss
Schraubenmutter	a nut ä natt
Schraubenschlüssel	a spanner ä *spänn*a
Schraubenzieher	a screwdriver ä *skru*dreiwa
schrecklich	terrible *terri*bl
schreiben: Ich schreibe Ihnen.	I'll write to you. eil reit tu ju
Haben Sie etwas zum Schreiben?	Have you got something to write with? häw ju gott *samm*thing tu reit with

76

Schreiben Sie mir das bitte auf.	Please write that down for me. plies reit thätt daun for mie
Wie schreibt man das? → Anhang, Alphabet.	How is that **spelt**? hau is thätt spellt
Schreibmaschine	a typewriter ä *teip*reita
Schreibwarengeschäft: Wo ist ein Schreibwarengeschäft?	Where can I find a **stationer's**? wer känn ei feind ä *stäi*schenas
schreien: Da schreit jemand um Hilfe!	Someone's **calling** for help! *samm*wanns kohrling for hellp
schüchtern	shy schei
Schuh: Können Sie meine Schuhe putzen lassen?	Could you have my **shoes** cleaned? kudd ju häw mei schuhs kliend
Schuhcreme	a shoe polish ä *schuh* pollisch
Schuld: Das ist (nicht) meine Schuld.	That's (not) my **fault.** thätts (nott) mei fohlt
schuldig: Was bin ich Ihnen schuldig?	What do I **owe** you? wott du ei oh ju
Schule	a **school** ä skuhl
Schulferien	school holidays skuhl *holli*däis
Schulter	a shoulder ä *schohl*da
Schüssel	a bowl ä bohl
Schuster: Wo gibt es einen Schuster?	Where is there a **shoemaker's**? wer is ther ä *schuh*mäikas
Schüttelfrost: Ich habe Schüttelfrost.	I'm having a **shivering fit.** eim häwwing ä *schiww*ering fitt
schwach: Ich fühle mich schwach.	I feel weak. ei fiel wiek
Der Kaffee ist schwach.	The coffee's weak. the *koff*ies wiek
Schwager: mein Schwager	my **brother-in-law** mei *brath*a inn lohr
Schwägerin: meine Schwägerin	my **sister-in-law** mei *siss*ta inn lohr
schwanger: Ich bin schwanger.	I'm **pregnant.** eim *preg*nent
schwarz	**black** bläck
Schwarzbrot	brown bread braun bredd
Schweinebraten	roast pork rohst pork
Schweinefleisch	pork pohrk
Schweiz: in der Schweiz	in **Switzerland** inn *switz*aländ
Schweizer	Swiss swiss
Schweizer Franken	Swiss franc swiss fränk
Schweizer/in: Ich bin Schweizer/in.	I'm **Swiss.** eim swiss
Schwellung	a swelling ä *swell*ing
schwer: ein schweres Gewicht	a heavy weight ä hewwi wäit
schwerhörig: Ich bin schwerhörig.	I'm **hard of hearing.** eim hahd ow *hier*ing
schwerverletzt: Er/sie ist schwerverletzt.	He/she is **seriously injured.** hie/schie is *sier*ieassli *ind*sched
Es gibt Schwerverletzte.	People have been seriously injured. piepel häw bien *sier*ieassli *ind*sched

Schwester: meine Schwester	my **sister**	mei *siss*ta
schwierig: Das ist (nicht) schwierig.	That's (not) **difficult**	thätts (nott) *diffi*kalt
Schwierigkeiten: Ich habe Schwierigkeiten mit...	I'm having **problems** with...	eim häwing *problems* with
Schwimmbad: Wann ist das Schwimmbad geöffnet?	When is the **swimming pool** open?	wenn is the *swim*ming puhl *oh*pen
schwimmen: Ich gehe schwimmen.	I'm going **swimming.**	eim going *swim*ming
Schwimmflügel	water-wings	*wohr*ta wings
Schwimmkurs	a swimming course	ä *swim*ming kors
Schwimmreifen	a rubber ring	ä *rabba ring*
Schwimmweste	a life jacket	ä leif *dschäc*ket
schwindlig: Mir ist schwindlig.	I feel **dizzy**.	ei fiel *diss*i
Schwips: Ich habe einen Schwips.	I feel **tipsy**.	ei fiel *tipp*si
schwitzen: Ich schwitze.	I'm **sweating.**	eim swetting
schwül: Es ist schwül.	It's **muggy.**	itts *maggi*
See: am/im See	By/in the lake	bei/inn the läik
Seeigel	a sea-urchin	ä sie *öht*schinn
seekrank: Ich werde leicht seekrank.	I easily get **seasick**.	ei *ie*sili gett *sie*sick
Seelachs	a pollack	ä *pol*lek
seetüchtig: Ist das Boot seetüchtig?	Is the boat **seaworthy**?	is the boht *sie*wöhthi
Segelboot: Ich möchte ein Segelboot mieten. → Fahrzeugverleih.	I'd like to hire a **sailing boat**.	eid leik tu heia ä *säi*ling boht
Segelfliegen	gliding	*glei*ding
segeln	to sail	tu säil
sehen: Haben Sie Doug gesehen?	Have you seen Doug?	häw ju sien dagg
Ich sehe nichts.	I can't see anything.	ei kahnt sie *änni*thing
Sehenswürdigkeiten	sights	seits
Sehnsucht	a yearning	ä *jöh*ning
sehr: Sehr erfreut!	Pleased to meet you!	pliesd tu miet ju
sehr schön/gut	very pretty/good	werri *priti*/gudd
seicht	shallow	*schäll*o
Seide: Ist das reine Seide?	Is that pure **silk**?	is thätt pjur silk
Seife	soap	soop
Seil	a rope	ä roop
Seilbahn	a cable railway	ä *käibl räil*wäi
Seilbahnstation: Wo ist die Seilbahnstation?	Where is the **cable railway station**?	wer is the *käibl räil*wäi *stäi*schen
sein: Ich bin/du bist/	I **am**/you are/he/she it is/you are/	

er/sie/es ist/Sie sind/ ihr seid/wir sind	you **are**/we **are**	ei ämm/ju aah/hie/schie/ itt is/ju aah/ju aah/wie aah
sein: Ist das sein...?	Is that his...?	is thätt his
Ist das seins?	Is that his?	is thätt his
Sind das seine...?	Are those his...?	aah thoos his
Sind das seine?	Are those his?	aah thoos his
seit: seit einer Woche	for a week	for ä wiek
Seite: auf dieser Seite	on this **side**	onn thiss seid
Sekt: eine Flasche Sekt	a bottle of **sparkling wine**	ä bottl ow spahkling wein
Sekunde	a second	ä seckend
Selbstbedienung: Ist hier Selbstbedienung?	Is there **self-service** here?	is ther self-söhwiss hier
selbstverständlich!	of course	ow kors
selten	rare	räir
seltsam	strange	sträindsch
Semester	half year	hahf jier
Semesterferien: Ich habe Semesterferien.	It's the **university vacation**.	itts the juniwöhsitti wäkäischen
Semmel	a roll	ä rohl
Senf	mustard	massted
separat: Gibt es einen separaten Eingang?	Is there a **separate** entrance?	is ther ä seppret enntrens
Service: Der Service war ausgezeichnet/schlecht.	The **service** was excellent/poor.	the söhwiss wos ecksellent puhr
Serviette	a serviette	ä söhwieett
Sessel	an easy chair	änn iesi tschäir
setzen: Darf ich mich zu Ihnen setzen?	May I **join** you?	mäi ei dscheun ju
Shampoo	a shampoo	ä schämmpu
Shorts	shorts	schohrts
sicher: Sicher!	Of course!	ow kors
Sind Sie sicher?	Are you sure?	aah ju schuhr
Ich bin nicht sicher.	I'm not sure.	eim nott schuhr
Ist das sicher (ungefährlich)?	Is that safe?	is thätt säif
Sicherheitsgurt → Verkehrsregeln.	a seat belt	ä siet bellt
Sicherheitsnadel	a safety pin	ä säifti pinn
Sicherung (Elek.)	a fuse	ä fjus
Sicht: außer Sicht	out of sight	aut ow seit
sie: sie ist/sie sind	she is/they are	schie is/thäi aah
Sie sind	you are	ju aah
Silber	silver	sillwa
Silvester	New Year's Eve	nju jiers iew
singen	to sing	tu sing
Sitte: Ist das hier Sitte?	Is that the **custom** here?	is thätt the kasstem hier

sitzen: Sitzt hier jemand? — Is anyone **sitting** here? is änniwann sitting hier

Sitzplatz: Ich möchte einen Sitzplatz am Fenster. — I'd like a **seat** by the window. eid leik ä siet bei the *winn*do
Gibt es noch Sitzplätze? — Are there still seats available? aah ther still siets a*wäi*lebl

so: Ach so! — Oh I see! oh ei sie
so la la — so-so *so* so
(nicht) so viel — (not) so much (nott) so matsch
so schnell Sie können — as fast as you can äs fahst äs ju känn
Socken — socks socks
sofort — **immediately** im*mied*ättli
Sohle: Ich brauche neue Sohlen. — I need new **soles** on my shoes. ei nied nju sohls onn mei schuhs
Sohn: mein Sohn — my son mei sann
Solarium: Haben Sie ein Solarium? — Have you got a **solarium**? häw ju gott ä soh*läri*amm
sollen: Er sollte eigentlich schon hier sein. — He should really already be here. hie schudd rieli ohl*reddi* bie *hier*
Sommer — summer *samm*a
Sonne: In der Sonne — in the sun inn the sann
Sonnenaufgang: bei Sonnenaufgang — at **sunrise** ätt *sann*reis
Sonnenbrand: Ich habe einen Sonnenbrand. — I've got a **sunburn**. eiw gott ä *sann*böhn
Sonnenbrille — sunglasses *sann*glahsses
Sonnencreme — a suntan lotion ä *sann*tänn *loh*schen
Sonnenöl — a suntan oil ä *sann*tänn eul
Sonnenschirm — a sunshade ä *sann*schäid
Sonnenstich — sunstroke *sann*strohk
Sonnenuntergang: bei Sonnenuntergang — at **sunset** ätt *sann*sett

sonst: Wer sonst? — Who **else**? hu ells
Sonst noch jemand? — Anyone else? änniwann ells
Was haben Sie sonst noch? — What else have you got? wott ells häw ju gott

Sorge: Keine Sorge! — Don't **worry.** dohnt *warri*
Ich mache mir große Sorgen (um...). — I'm very worried (about...). eim werri war*ried* (e*baut*)
Soße — a sauce ä sohrss
Souvenir — a souvenir ä suhwe*nier*
Spannung (Elek.) — voltage *wolt*idsch

Die Netzspannung beträgt 240 Volt Wechselspannung. Geräte, die für 220 V ausgelegt sind, können verwendet werden. Sie brauchen für deutsche Stecker einen Adapter.

Spargel — asparagus ässpärregass
Spaß: Viel Spaß! — Have fun! häw fann
Das macht Spaß. — That's fun. thätts fann
spät: Wie spät ist es? — What's the **time**? wotts the teim
Es ist ein bißchen spät/ — It's a little late/too late.
zu spät. — itts ä littl läit/tu läit
Entschuldigen Sie, daß ich — Please excuse me for being late.
zu spät komme. — plies eckskjus mie for bieing läit
→ Anhang, Zahlen.

später: Bis später! — See you later! sie ju läita
Ich komme später wieder. — I'll come back later. eil kamm bäck läita
spätestens: spätestens am/um — on/at...at the latest
 — onn/ätt...ätt the läitest

Spazierengehen: Wollen wir — Shall we go for a walk?
Spazierengehen? — schäll wie go for ä wohrk
Ich gehe spazieren. — I'm going for a walk.
 — eim going for ä wohrk

Spazierweg — a footpath ä futtpahth
Speck — bacon fat bäiken fätt
Speisekarte: Die Speisekarte, — Could I have the **menu** please.
bitte! — kudd ei häw the männju plies
Speisekarte,→ Essen und Trinken.

Speisesaal? Wo ist der Speise- — Where is the **dining room**?
saal? — wer is the deining ruhm
Speisewagen: Wo ist der — Where is the **dining car**?
Speisewagen? — wer is the deining kaah
Sperrstunde: Wann ist Sperr- — When is **closing time**?
stunde? — wenn is klohsing teim
Spezialitäten: regionale — regional **specialities**
Spezialitäten — riedschenel speschiälitties
Spezialitäten des Hauses — chef's speciality schefs speschiälittie
Spiegel — a mirror ä mirra
Spiegelei — a fried egg ä freid egg
spielen: Spielen Sie Tennis? — Do you play tennis? du ju pläi tennis
Spielplatz: Gibt es hier einen — Is there a **playground** here?
Spielplatz? — is ther ä pläigraund hier
Spinat — spinach spinnidsch
Spinne — a spider ä speida
Spirale: Ich habe eine — I've got a **coil**.
Spirale. — eiw gott ä keul
Spiritus — spirit spirritt
Sprache — a language ä länggwidsch
sprechen: Ich spreche kein... — I don't speak... ei dohnt spiek
Sprechstunde — surgery söhdscheri
→ Ärztliche Versorgung.
Spritze: eine Spritze gegen... — an **injection** against...
 — änn indschekschen egennst

Sprudel — a mineral water ä minnerel wohrta

81

Speisekarte

In der Speisekarte ist ausgewiesen, welche Beilagen man zu einer Speise bekommt. Wenn man Beilagen extra bestellen muß (der Normalfall z.B. in indischen Restaurants), wird auf der Speisekarte darauf hingewiesen. Unten finden Sie eine kleine Auswahl der Leckerbissen, die britische Speisekarten bieten.

	Vorspeisen
cream of asparagus soup kriem ow espäregess suhp	Spargelcremesuppe
cream of onion soup kriem of annjen suhp	Zwiebelcremesuppe
prawn cocktail prohrn cocktäil	Krabbencocktail
(clear) soup (klier) suhp	(klare) Suppe
tomatoe soup tomahto suhp	Tomatensuppe
vegetable soup weddschtebl suhp	Gemüsesuppe

	Fisch
cod kodd	Kabeljau
kipper *kip*pa	Räucherhering
mussel *mass*el	Miesmuschel
oyster *eus*ta	Auster
plaice *pläiss*	Scholle
trout traut	Forelle
winkle *wing*kel	Strandschnecke

	Fleisch
bacon *bäi*ken	Schinkenspeck
banger *bäng*a	Würstel
bangers and mash *bäng*as änd *mäsch*	Würstel mit Kartoffelbrei
beef bief	Rindfleisch
chipolata tschippolahta	Würstel
hotpot hottpott	Eintopf
Irish stew eirisch *stju*	Eintopf mit Lammfleisch
lamb lämm	Lammfleisch
mutton matten	Hammelfleisch
pastie *päss*tie/pie pei	gebackene Fleisch- oder Gemüsepastete
pork pohrk	Schweinefleisch
roast beef/lamb/pork/veal rohst*bief*/*lämm*/*pohrk*/*wiel*	Rinder-/Lamm-/Schweins-/Kalbsbraten

roast chicken rohst *tchick*en	Brathendl
sausage sossedsch	Würstel
schnitzel *schnit*zel	Schnitzel
stew stju	Eintopf
turkey *töh*ki	Putenfleisch
veal wiel	Kalbfleisch
	Beilagen
baked potatoes bäikt potäitos	Pellkartoffeln
beans biens	Bohnen
boiled potatoes beuld potäitos	Salzkartoffeln
Brussel sprouts brassel *sprauts*	Rosenkohl
cauliflower *kolli*flaua	Blumenkohl
chips tschipps	Pommes frites
dumpling *damm*pling	Knödel
french fries frentsch freis	Pommes frites
gravy gräiwi	Bratensoße
jacket potatoes *dschäck*et potäitos	Pellkartoffeln
peas pies	Erbsen
rice reiss	Reis
roast parsnip rohst *pahrss*nip	gebratene Pastinake
roast potatoes rohst potäitos	Bratkartoffeln
runner beans ranna *biens*	Stangenbohnen
salad säläd	Salat
swede swied	Steckrübe
vegetables weddschtebls	Gemüse
Yorkshire pudding *jork*schier *pud*ding	Beilage aus pfannkuchen-ähnlichem Teig
	Nachspeisen
apple pie äppel pei	Apfelkuchen
apple crumble äppel *kramm*bel	eine Art Apfelstreuselkuchen
custard kassted	Vanillesauce (ähnlich)
ice cream eis *kriem*	Eis
flan flänn	eine Art Kuchen
mixed ice mixt eis	gemischtes Eis
spotted dick spotted *dick*	eine Art Dampfpudding mit Zitrone und Sherry
syllabub sillebabb	geschlagene Sahne
trifle *trei*fel	Früchte und Gelee auf mit Sherry getränktem Kuchen

Spülung: Die Spülung ist kaputt.	It won't **flush**. itt wohnt flasch
Stachel	a thorn ä thohrn
Stachelbeeren	gooseberries gusberries
Stadion: Wo ist das Stadion?	Where is the **stadium?** wer is the städiäm
Stadt: in der/die Stadt	in town/to go down town inn taun/tu go daun taun
Stadtbummel	a stroll around town ä strohl eraund taun
Stadtmitte. Wie komme ich/kommen wir zur Stadtmitte?	How do I/we get to the city centre? hau du ei/wie gett tu the city senta
Stadtplan: Können Sie mir das auf dem Stadtplan zeigen?	Can you show me that on the **city map**? känn ju scho mie thätt onn the city mäpp
Haben Sie einen Stadtplan für mich?	Have you got a city map for me? häw ju gott ä city mäpp for mie
Stadtrundfahrt: Wir möchten eine Stadtrundfahrt machen.	We'd like to go on a **sightseeing tour of the city.** wied leik tu go onn ä seitsieing tur ow the city
Stadtteil	a district ä disstrikt
Standby	standby ständbei
Standlicht	sidelights seidleits
Stange: eine Stange Zigaretten	a **carton** of cigarettes ä kahten of sigaretts
stark	strong strong
starten: Wann startet die Maschine?	When does the plane **take off?** wenn daas the pläin täik off
Wann starten wir?	When will we **start**? wenn will wie staht
Starthilfe: Können Sie mir Starthilfe geben?	Can you **help** me **start** my car? känn ju help mie staht mei kaah
Starthilfekabel	jump leads dschammp lieds
Station: An welcher Station muß ich aussteigen?	What **station** do I have to get off at? wott stäischen du ei häw tu gett off ätt
stattfinden: Wann findet es statt?	When does it **take place?** wenn daas itt täik pläiss
Statue	a statue ä stättschu
Stau	a traffic jam ä träffick dschämm
staubig	dusty dassti
Steak: Ich möchte mein Steak blutig/halb durch/durch.	I'd like my **steak** rare/medium/well-done. eid leik mei stäik rär/mediäm/well dann
stechen: Ich bin gestochen worden.	I've been **stung.** eiw bien stang
Stechmücke	a gnat ä nätt
Steckdose	a socket ä socket
Stecker	a plug ä plagg
Stecknadel	a pin ä pinn

stehenlassen: Kann ich mein/meine...hier stehenlassen? — Can I **leave** my...here? *känn ei liew mei...hier*
stehlen: Man hat mir meinen Hut gestohlen. — Someone's **stolen** my hat. *sammwanns stohlen mei hätt*
Ich bin bestohlen worden. — I've been **robbed.** *eiw bien robbd*
steil: Ist der Weg/die Straße (sehr) steil? — Is the path/road (very) **steep**? *is the pahth/rohd (werri) stiep*
Stein — a **stone** *ä stohn*
Stellvertreter — a deputy *ä depp*juti
steril — sterile *sterr*eil
Stern — a star *ä stah*
Sternwarte — an observatory *änn ob*söh*wettri*
steuerbord — starboard *stah*bohrd
Steward/Stewardeß — a steward/stewardess *ä stju*ard/stjuar*deß*

Stiefel — a boot *ä buht*
still — **quiet** *kwei*et
Stimme — a **voice** *ä weuss*
stimmen: Die Rechnung stimmt nicht. — The bill **is not correct.** *the bill is nott kor*rekt
stinken: Es stinkt. — It **stinks.** *itt stinks*
Stock: Im 2. Stock. — On the 2nd **floor.** *onn the seck*end flor
Stöpsel — a plug *ä plagg*
stören: Der Lärm stört mich/uns. — The noise **disturbs** me/us. *the neus diss*töhbs *mie/ass*
stornieren: Bitte, stornieren Sie das. — Please **cancel** this. *plies känn*sell thiss
Stoßdämpfer — a shock absorber *ä schock* äb*sohr*ba
Stoßstange — a bumper *ä bamm*pa
Strähnchen: mit Strähnchen — highlighted *hei*leited
Strand: am Strand — on the **beach** *onn the bietsch*
Straße — a **road** *ä rohd*
Straßenbahn — a **tram** *ä trämm*
Straßenkarte — a road map *ä rohd mäpp*
Straßenverkehr — traffic *träff*ick
Strecke: Welche ist die schönste/schnellste Strecke nach...? — Which is the prettiest/quickest **route** to...? *witch is the prit*fiäst/*kwick*est ruht tu
Streichhölzer: eine Schachtel Streichhölzer — a box of **matches** *ä bocks ow mätt*sches
Streik — a strike *ä streik*
Strohhalm — a straw *ä strohr*
Strohhut — a straw hat *ä strohr hätt*
Strom (Elek.) — current *karr*ent
stromabwärts — downstream *daun*striem
Stromausfall — a power failure *ä paua fäilja*
Strömung: Gibt es hier eine (starke) Strömung? — Is there a (strong) **current** here? *is ther ä (strong) karr*ent hier

Strümpfe: Damenstrümpfe — stockings *stock*ings
Strumpfhose — tights teits
Stück: ein Stück Käse — a **piece** of cheese ä piess ow tschies
Student/-in — a student ä *stju*dent
studieren — to study tu *stad*di
Stufe — a step ä stepp
Stuhl: Ist dieser Stuhl frei? — Is this **chair** taken?
is thiss tschäir *täi*ken

Stuhlgang — a bowel movement ä bauel *muw*ment
stumpf: Das Messer ist stumpf. — The knife is **blunt**. the neif is blannt
Stunde: in zwei Stunden — in two **hours** inn tu *au*as
vor einer Stunde — an hour ago änn *au*a äg*oh*
stündlich — every hour *ew*rie *au*a
Was kostet eine Stunde? — What does an hour cost?
wott daas änn *au*a kosst

Sturm: Ist Sturm gemeldet? — Has a **storm** warning been issued?
häs ä storm wohrning bien *isch*uhd

Sturmwarnung — a storm warning ä storm *wohm*ing
stürzen: Ich bin gestürzt. — I **fell**. ei fell
Sturzhelm — a crash helmet ä *kräsch hell*met
suchen: Ich suche meinen Freund. — I'm looking for my friend.
eim lucking for mei frend
Suchtrupp: Schicken Sie einen Suchtrupp los! — Send out a **search party**!
send aut ä *söhtsch pah*ti
Süden: im Süden (von) — in the **south** (of) inn the sauth (ow)
Südfrüchte — tropical fruit *troppi*kel fruht
südlich von — south of sauth ow
Summe: Wie hoch ist die Summe? — What does the **total** come to?
wott daas the *toh*tel kamm tu
Super — 4-star petrol *for*-stah *pett*rel
Supermarkt: Wo ist der nächste Supermarkt? — Where's the nearest **supermarket**?
wers the *nie*rest *suh*pa*mah*ket
Suppe → Speisekarte.
Surfbrett — a surfboard ä *söhf*bohrd
surfen: Darf man hier surfen? — Is **surfing** permitted here?
is *söhf*ing pöh*mitt*ed hier

süß — sweet swiet
Süßstoff — a sweetener ä *swiet*na
Tabak — tobacco te*bäck*o
Tabakwarenladen — a tobacconist's ä te*bäck*onists
Tablette — a tablet ä *täbb*lett
Tachometer — a speedometer ä spie*domm*itta

Tag: Guten Tag! — Hello. hel*lo*
Einen schönen Tag noch! — Have a nice **day**! häw ä neiss däi
Tageskarte: Gibt es eine Tageskarte? — Is there a **menu of the day**?
is ther ä *männ*ju ow the däi

tagsüber	during the day	*dju*ring the *däi*
Taille	a waist	ä *wäi*sst
taktlos: Wie taktlos!	How **tactless**!	hau *täckt*less
Tal	a valley	ä *wäl*i
Tampons	tampons	*tämm*ponns
Tank	a tank	ä tänk
tanken: Volltanken, bitte!	**Fill** her **up** please.	fill höh app plies
Tankstelle: Wo ist die nächste Tankstelle?	Where's the nearest **petrol station**?	wers the nierest *pett*rel stäischen
Tante: meine Tante	my **aunt**	mei ahnt
Tanz	a **dance**	ä dahns
tanzen: Möchten Sie tanzen?	Would you like to **dance**?	wudd ju leik tu dahns
Tanzlokal	a dance-hall	ä dahns hohrl
Tasche	a pocket	ä *pock*et
Taschendieb	a pick-pocket	ä *pick* pocket
Taschenlampe	a torch	ä tortsch
Taschenmesser	a penknife	ä *penn*-neif
Taschenrechner	a calculator	ä *käll*kjuläita
Taschentuch	a handkerchief	ä *häng*ketchief
Tasse: eine Tasse Kaffee	a **cup** of coffee	ä kapp ow *kof*fie
taub	deaf	deff
Taube	a pigeon	ä *pid*schen
tauchen: Kann man hier tauchen?	Is **diving** permitted here?	is deiwing pöh*mitt*ed hier
Taucherausrüstung	diving gear	*dei*wing gier
tauschen	to **exchange**	tu ickst*schäintsch*
Taxi: Wo bekomme ich ein Taxi?	Where can I find a **taxi**?	wer kän ei feind ä täxi
Rufen Sie mir ein Taxi!	Please call me a taxi.	plies kohrl mie ä täxi
→ Verkehrsmittel.		
Taxistand: Wo ist der nächste Taxistand?	Where's the nearest **taxi rank**?	wers the nierest täxi ränk
Tee: Tasse/Kännchen Tee	a cup/pot of **tea**	ä kapp/pott ow tie
Teelöffel	a teaspoon	ä *tie*spuhn
Teil	a **part**	ä paht
teilen	to share	tu schär
Teilkaskoversicherung	third-party insurance	thöhd pahti in*schu*rens
teilnehmen: Kann jeder daran teilnehmen?	Can everyone **participate**?	känn *ew*riewann pah*tiss*ipäit
Telefon	a telephone	ä *tell*ifohn
Telefonbuch	a telephone dirctory	ä *tell*ifohn dei*reckt*eri
telefonieren: Kann ich hier telefonieren?	Can I **phone** from here?	känn ei fohn fromm hier
→ Telefonieren		

Telefonnummer: Haben Sie die Telefonnummer von Ian?
Telefonzelle: Wo ist die nächste Telefonzelle?
Telegramm: Ich möchte ein Telegramm aufgeben.

Have you got Ian's **phone number?**
häw ju gott *ie*ans *fohn namm*ba
Where's the nearest **phone booth?**
wers the *nie*rest *fohn* buth
I'd like to send a **telegram.**
eid leik tu send ä *telli*grämm

Telefonieren

Die bekannten roten Telefonzellen werden zunehmend durch neue silberfarbene Stahl- und Glaszellen ersetzt, die es in drei Arten gibt: 1. nur für Notrufe, 2. »Card Phones« für am Postamt erhältliche Telefonkreditkarten, »Phone cards« (fohn kahds). 3. Münzautomaten. In den großen Bahnhöfen und Flughäfen kommen Sondertelefonzellen für internationale Gespräche dazu. Im allgemeinen kann man aber von jeder Telefonzelle aus ins Ausland anrufen.
Für ein Gespräch ins Ausland folgt der Auslandswahl 010 die Landeskennzahl (für die Bundesrepublik Deutschland 49, für Österreich 43 und für die Schweiz 41), die Ortskennzahl ohne 0 und die Teilnehmernummer.
Die Bedienung des Münzfernsprechers verläuft wie folgt: 1. Hörer abnehmen und auf Hörton warten, 2. Mindestgesprächsgebühr erscheint auf der Anzeige. Geld einwerfen. 3. Nummer wählen. Auf Rufton warten. Bei Ertönen des Ruftones zusätzliche Münzen einwerfen.

Teller
Tennis: Spielen Sie Tennis?
Tennisball
Tennislehrer
Tennispartner: Ich brauche einen Tennispartner.
Tennisschläger
Teppich
Termin: Könnte ich einen Termin haben?
Terrasse: auf der Terrasse
Tetanus: Ich bin (nicht) gegen Tetanus geimpft.

teuer: Das ist mir zu teuer.

Theater
Thermosflasche
Thunfisch
Ticket
tief: Wie tief ist das Wasser

a **plate** ä pläit
Do you play **tennis?** du ju pläi *tenn*is
a tennis ball ä *tenn*is bohrl
a tennis coach ä *tenn*is kohtsch
I need a **tennis partner.**
ei nied ä *tenn*is *pah*tna
a tennis racket ä *tenn*is *räck*et
a carpet ä *kah*pet
Could I have an **appointment?**
kudd ei häw änn ä*peunt*ment
on the **terrace** onn the *terr*ess
I've (not) been inoculated against **tetanus.** eiw (nott) bien i*nock*juläited e*gennst tett*enass
That's too **expensive** for me.
thätts tu ick*spenn*siw for mie
a theatre ä *thiert*a
a thermos flask ä *thöh*moss flahsk
tuna fish *tjuna* fisch
a ticket ä *tick*et
How **deep** is the water here?

hier?	hau diep is the *wohr*ta hier
tiefgekühlt	deep-frozen diep *frohs*en
Tiefkühltasche	a cooling bag ä *kuhl*ing bägg
Tierarzt	a vet ä wett
Tiergarten	a zoo ä suh
Tintenfisch	squid skwidd
Tisch: Wir möchten einen Tisch für 2 Personen (bestellen).	We'd like (to reserve) a table for two people. wied leik tu (ri*söhw*) ä täibl for tu *pie*pel
Tischtennis: Kann man hier irgendwo Tischtennis spielen?	Is there somewhere to play **table-tennis here**? is ther *samm*wer tu pläi *täibl* tennis hier
Toast	toast tohst
Tochter: meine Tochter	my daughter mei *dohr*ta
Toilette: Wo ist die Toilette?	Where is the **toilet**? wer is the *teu*let

Es ist zwar möglich, die Toilette in einem Café oder Pub zu benutzen, ohne dort etwas zu essen oder zu trinken, es ist aber nicht üblich, und manche Wirte sehen es nicht gern.

Toilettenpapier: Es gibt kein Toilettenpapier mehr.	There's no more **toilet paper.** thers no mohr *teu*let päipa
toll: eine tolle Frau	a **stunning** woman ä *stann*ing wummen
ein toller Mann	a **great** bloke ä gräit blohk
Das wäre toll.	that would be great thätt wudd bie gräit
Tomate	a tomato ä to*mah*to
Tomatensaft	a tomato juice ä to*mah*to dschuhss
Tonne	a metric tonne ä *mett*rick tann
→ Anhang, Maße und Gewichte.	
Töpferwaren	pottery *pott*eri
Torte: ein Stück Torte	a piece of **cake** ä piess ow käik
tot	dead dedd
Totalschaden: Mein/unser Auto hat Totalschaden.	My/our car is a **write-off.** mei/aua kaah is a *reit* off
Touristeninformation	a Tourist Information Centre ä *tu*rist innfor*mäi*schen *sen*ta
→ Touristeninformation.	
traditionell	traditional trä*disch*enel
tragen: Können Sie mir tragen helfen?	Could you help me carry this? kudd ju help mie *kärr*i thiss
trampen	to hitch-hike tu *hitsch* heik
Traubensaft	a grape juice ä *gräip* dschuhss
Traubenzucker	glucose *gluh*kos
traurig	**sad** sädd
treffen: Wo kann ich Sie treffen?	Where can I meet you? wer känn ei miet ju
Treffpunkt	a meeting place ä *mie*ting pläiss

Touristeninformation

In jedem größeren Ort kann man sich bei dem »Tourist Information Centre« (TIC) informieren.
Die BTA veröffentlicht und verteilt Merkblätter und Broschüren zu jedem möglichen Aspekt Ihres Urlaubs sowie das Überblicksheft »England Holidays«. Lassen Sie sich dort beraten: Britische Zentrale für Fremdenverkehr (=British Tourist Authority = BTA), Taunusstraße 52-60, 6000 Frankfurt am Main 1. Tel. 069/2 38 07 11/12.
In London: British Travel Centre, 12 Regent Street, Piccadilly Circus, London SW1Y 4PQ. Das British Travel Centre bucht Reisen, reserviert Besichtigungsfahrten, Theaterkarten, Unterkunft, wechselt Geld und gibt Rat und Informationen für das gesamte Land. Es ist sieben Tage in der Woche geöffnet, Mo.-Fr. 9.30-18.30 Uhr, Sa./So. 10.00-16-00 Uhr. Telefonischer Auskunftsdienst 01/7 30-3400.
Schriftliche Informationen gibt es von: London Tourist Board and Convention Bureau, 26 Grosvenor Gardens, London SW1W 0DU. London Tourist Board-Zentren in: Tourist Information Centre, Bahnhof Victoria, Station Forecourt SW1, Tel. 01/7 30-34 88, London und England. Keine schriftlichen Anfragen. Außerdem: Harrod's Store, Brompton Road, London SW1. Selfridge's Department Store, Oxford Street, London W1. Information Centre, Heathrow Airport, Terminals 1, 2, 3 U-Bahnhof.
English Tourist Board (Zentrale), Thames Tower, Black's Road, London W6 9EL.
Northern Ireland Tourist Board, 11 Berkeley Street, London W1X6BU. Tel. 01/4 93-06 01.
Nordirland: Northern Ireland Tourist Board, River House, 48 High Street, Belfast BT1 2DS. Tel. 02 32/23 12 21/7 oder 24 66 09.
Schottland: Die schottische Fremdenverkehrsbehörde verfügt über ein umfassendes Netz örtlicher Zweigstellen, mit über 140 Tourist Information Centres. Hauptbüro: Scottish Tourist Board, 28 Ravelston Terrace, Edinburgh EH4 3EU. Tel. 0 31/3 32 24 33. Scottish Travel Centre, 14 South Street, St. Andrew Street, Edinburgh EH2 2AZ.
Wales: Der walisischen Fremdenverkehrsbehörde sind 60 Informationszentren angeschlossen. Hauptbüro: Wales Tourist Board, Brunel House, Fitzalan Road, Cardiff CF2 1UY. Tel. 02 22/4 99 90 92.

Treppe	stairs stärs
Tresor	a safe ä säif
Tretboot	a pedalo ä *pedd*elo
triefen: Das trieft vor Fett.	That's dripping with fat. thätts *dripp*ing with fätt
Trillerpfeife	a whistle ä *wiss*el
Trimm-dich-Pfad	a keep-fit trail ä kiep *fitt* träil
trinken: Möchten Sie etwas trinken?	Would you like a drink? wudd ju leik ä drink

Ich habe gestern abend zu viel getrunken.
I drank too much yesterday evening.
ei dränk tu matsch jestadäi iewning
Trinkgeld
a tip ä tipp

> In Restaurants ist es üblich, ein Trinkgeld in Höhe von 10-12% des Rechnungsbetrags zu geben.

Trinkwasser: Ist das Trinkwasser?
Is that **drinking water**?
is thätt drinking wohrta
trocken: für trockenes Haar
for dry hair for drei häir
trockener Wein
a dry wine ä drei wein
tropfen: Der Wasserhahn tropft.
The tap **drips.**
the täpp dripps
Tropfen: Tropfen gegen...
drops against... dropps egennst
trüb: trübes Wetter
dull weather dall wetha
trübes Bier
cloudy beer klaudi bier
Truthahn
a turkey ä töhki
Tschüß!
Bye! bei
Tunnel
a **tunnel** ä tannel
Tür
a **door** ä dor
Turm: Kann man auf den Turm hinaufsteigen?
Can we go up the **tower?**
känn wie go app the taua
typisch: Wir möchten gerne typisch...essen.
We'd like a **typical**...meal.
wied leik ä tippikel...miel
typisch Mann/Frau
just typical of a man/woman
dschasst tippikel ow ä män/wummen

U-Bahn
→ Verkehrsmittel.
underground andagraund
über: über Nacht
overnight owaneit
über 30
over thirty owa thöhti
über der Tür
over the door owa the dor
über...nach...
via...to... weia...tu
überall
everywhere ewriewer
Überfahrt: Wie teuer ist die Überfahrt?
How expensive is the **crossing?**
hau ickspennsiw is the krossing
Wie lange dauert die Überfahrt?
How long does the crossing take?
hau long daas the krossing täik
überfallen: Ich bin überfallen worden.
I've been **attacked.**
eiw bien ätäckt
überfüllt
overcrowded
owakrauded
übergeben: Ich mußte mich übergeben.
I had to **vomit.**
ei hädd tu wommit
überholen: beim überholen
when **overtaking** wenn owatäiking
überlegen: Ich werde es mir überlegen.
I'll think about it.
eil think ebaut itt
Ich habe es mir anders überlegt.
I've changed my mind.
eiw tschäintschd mei meind

übermorgen — the day after tomorrow the däi ahfta tu*morro*

Übernachtung: öbernachtung und Frühstück — Bed and Breakfast bedd änd *breck*fest
→ Unterkunft.

Überraschung: Eine nette öberraschung! — A pleasant **surprise**! ä plesent söh*preis*

übersetzen: Können Sie das bitte übersetzen? — Could you **translate** that please. kudd ju trahns*läit* thätt plies

Übersetzer: Ich brauche einen Übersetzer. — I need a **translator**. ei nied ä trahns*läita*

Ufer: am Flußufer — on the river **bank** onn the *riww*a bänk

Uhr: Wieviel Uhr ist es? — What **time** is it? wott teim is itt
→ Anhang, Uhrzeit.

Uhrmacher — a watchmaker ä *wotsch*mäika

um: um 12 (Uhr) — **at** twelve (o'clock) ätt twelw (oh klock)
um zu… — in order to… inn *ohrd*a tu
um 8 herum — around eight eraund äit

umbuchen: Ich möchte umbuchen. — I'd like to **change** my **booking**. eid leik tu tschäintsch mei *buck*ing

Umgebung: in dieser Umgebung — in this **area** in thiss *är*ia

umkehren: Ich will umkehren! — I want to **turn back**. ei wonnt tu töhn bäck

Umkleidekabine — a changing cubicle ä *tschäin*tsching *kju*bickl

Umrechnungskurs — an exchange rate änn ickst*schäintsch* räit

umsehen: Kann ich mich mal umsehen? — Can I **look around**? känn ei luck e*raund*

Umstände: Keine Umstände, bitte! — Please don't go to any **bother**. plies dohnt go tu änni botha

umsteigen: Muß ich/müssen wir umsteigen? — Do I/we need to **change**? du ei/wie nied tu tschäintsch

umtauschen: Tauschen Sie das bitte in…um. — Please **exchange** this for … plies ickst*schäintsch* thiss for
Ich möchte das umtauschen. — I'd like to exchange this. eid leik tu ickst*schäintsch* thiss

umziehen: Wo kann ich mich umziehen? — Where can I **change**? wer känn ei tschäintsch

unabhängig — independent inndi*penn*dent
unbequem — uncomfortable ann*kamm*ftäbl
und — **and** änd
undicht: Das Rohr ist undicht. — The pipe **leaks**. the peip lieks

Unfall: Ich hatte einen Unfall. — I had an **accident**. ei hädd änn *äck*sident
Es ist ein Unfall passiert. — There's been an accident. thers bien änn *äck*sident

Unfallflucht: Er hat Unfallflucht begangen.
He committed a **hit-and-run offence.**
hie kom*mitt*ed ä hitt änd *rann* of*fens*

unfreundlich
unfriendly ann*frend*li

ungefähr: Ungefähr in 30 Minuten.
In about thirty minutes.
inn ebaut thöhti *minn*its

ungenießbar: Das Essen ist ungenießbar.
The meal is **inedible.**
the miel is in*edd*ibl

ungewöhnlich
unusual ann*juschu*äl

Ungeziefer: Ich habe Ungeziefer in meinem Zimmer.
There are **bugs** in my room.
ther aah baggs inn mei ruhm

unglaublich: Das ist unglaublich.
That's **incredible.**
thätts inn*kredd*ibl

unglücklich
unhappy ann*häpp*i

unhöflich: Wie unhöflich!
How **impolite**! hau impo*leit*

Unkosten: Welche Unkosten kommen auf mich/uns zu?
What **expenses** will I/we have to pay?
wott icks*penn*ses will ei/wie häw tu päi

unmöglich: Das ist unmöglich!
That's **impossible!** thätts im*poss*ibl

uns: für/mit uns
for/with **us** for/with ass

Schreiben Sie uns?
Will you write to us? will ju reit tu ass

unschuldig: Ich bin unschuldig.
I'm **innocent.**
eim *inn*osent

unser: das ist unser(e)...
that's our... thätts aua

das sind unsere
those are ours thoos aah auas

unten: weiter unten
further down föhrtha daun

unter: unter 40
under forty annda forti

unter der Brücke
under the bridge annda the bridsch

Unterbrecherkontakt
a circuit-breaker ä *söh*ket bräika

unterhalb: unterhalb von
below bi*loh*

unterhaltsam
entertaining enta*täi*ning

Unterhemd
a vest ä west

Unterhose
pants pännts

Unterkunft: Wir suchen (eine) Unterkunft.
We're looking for **somewhere to stay.**
wier lucking for sammwer tu stäi

→ Unterkunft.

unternehmen: Wollen wir etwas zusammen unternehmen?
Shall we **do** something together?
schäll wie du sammthing tu*getha*

unterschreiben: Muß ich das unterschreiben?
Do I have to **sign** that?
du ei häw tu sein thätt

unterstellen: Dürfen wir uns hier unterstellen?
May we **shelter** here?
mäi wie *schell*ta hier

Unterwäsche
underwear *ann*dawär

unterwegs: unterwegs nach East Anglia
on the way to East Anglia
onn the wäi tu iest *äng*-glia

Unverschämtheit: Das ist eine Unverschämtheit!
That's outrageous!
thätts aut*räid*schess

Urlaub: Ich habe Urlaub.
I'm on holiday. eim onn *hol*idäi

Ursache: Keine Ursache!
Don't mention it! dohnt *men*schen itt

Vanille
vanilla wä*nill*a

93

Unterkunft

Auskunft über die verschiedenen Unterkunftsmöglichkeiten ist bei der BTA oder den »Tourist Information Centres« erhältlich. Folgendes Angebot steht dem Touristen zur Verfügung:

Camping: Es gibt eine gute Auswahl an Campingplätzen (campsites) in Großbritannien, aber Reservierung wird dringend empfohlen. Auskunft erhalten Sie vor der Anreise aus der kostenlos von der BTA verteilten Broschüre »Britain: Camping and Caravan Parks«. Ferienhäuser: Die Vermietung von »holiday homes« ist in Nordirland selten, im restlichen Großbritannien aber weitverbreitet. Objektive Informationen sind im »Good Holiday Cottage Guide« zu finden, erhältlich von Swallow Press, PO Box 21, Hertford, SG142BH für etwa 2.50 .

Gasthaus: Der Begriff des Gasthauses entspricht in etwa dem des »Inn«. Ein Inn ist ein »Pub« oder »Public House«, das Zimmer vermietet, aber nicht alle sogenannten Inns bieten Unterkunft. Auf dem Land und in kleineren Ortschaften gibt es in vielen Pubs eine meist einfache Übernachtungsmöglichkeit vom Typ »Bed and Breakfast«. Bei der BTA ist die Broschüre »Stay at an Inn« erhältlich.

Hotel: Bis jetzt existiert kein allgemeines System der Qualitätsabstufung. Die Automobilclubs, die Konsumentenorganisation und alle Reiseführer haben ihr eigenes System. Man kann sich über die BTA in Frankfurt oder die TICs informieren. Bei den TICs kann man auch Zimmer bestellen. Seien Sie vorgewarnt: In Großbritannien entsprechen die Hotels nicht immer den Qualitätsvorstellungen des deutschsprachigen Reisenden.

Pension: Die »guest houses« oder »boarding houses« bieten eine einfachere und viel günstigere Unterbringung als die Hotels. Es ist jedoch ratsam, genau zu erfragen, was im Preis inbegriffen ist.

Private Unterkünfte: Diese B&B (Bed and Breakfast) genannte Unterkunftsart ist weit verbreitet, sehr preiswert und zum Kennenlernen von Land und Leuten empfehlenswert. Auf dem Land ist sie oft auf Bauernhöfen zu finden. Auskunft erhalten Sie von der BTA und den TIC. Die BTA bietet auch die Broschüre »Farmhouses and B&Bs«.

→ Touristeninformation.

Vater: mein Vater	my father mei fahtha
Vegetarier: Ich bin Vegetarier.	I'm a **vegetarian**. eim ä weddschetäriän
vegetarisch: Ich möchte vegetarisch essen.	I'd like a **vegetarian** meal. eid leik ä weddschetäriän miel
Ventil	a valve ä wallw
Ventilator	a ventilator ä wenntiläita
Verabredung: Ich habe eine Verabredung.	I'm **meeting** somebody. eim mieting sammboddi

verabschieden: Ich möchte mich verabschieden.	I'd like to **say goodbye**. eid leik tu säi gudd*bei*
veranlassen: Veranlassen Sie das!	**Arrange** for that. är*räindsch* for thätt
Veranstaltung	an event änn ie*went*
verantwortlich: Wer ist dafür verantwortlich?	Who is **responsible**? hu is ris*pon*sibl
verärgert: Ich bin sehr verärgert.	I'm very **annoyed**. eim werri e*neud*
Verbandskasten	a first-aid box ä föhst *äid* bocks
Verbandszeug	a first-aid kit ä föhst *äid* kitt
verbessern	to improve tu imm*pruw*
verbinden: Verbinden Sie mich mit...	Please **connect** me with... plies kon*nekt* mie with
Tut mir leid, falsch verbunden!	Sorry, wrong number. *sorri*, rong *namm*ba
Können Sie meine Wunde verbinden?	Could you **dress** my wound? kudd ju dress mei wuhnd
verboten: Ist das verboten?	Is that **forbidden?** is thätt for*bidd*en
verbrannt: Ich habe mich verbrannt.	I've **burnt** myself. eiw böhnt meiself
Verdauungsstörungen	indigestion innd*idsches*tschen
verdorben: Ich habe mir den Magen verdorben.	I've **upset** my **stomach.** eiw app*sett* mei *stamm*eck
verfahren: Ich habe mich verfahren.	I've **lost** my **way.** eiw losst mei wäi
verfolgen: Ich werde verfolgt.	I'm being **followed.** eim bieing *foll*ohd
Vergaser	a carburettor ä kaah*be*retta
vergessen: Vergessen Sie... nicht.	Don't forget... dohnt for*gett*
Ich habe...vergessen.	I've forgotten... eiw for*gotten*
vergewaltigen: Ich bin vergewaltigt worden.	I've been **raped.** eiw bien räipd
Vergnügen: Viel Vergnügen!	Enjoy yourself! in*dscheu* jurself
Vergrößerung: Ich möchte eine Vergrößerung von diesem Bild.	I'd like an **enlargement** of this picture. eid leik änn en*lahd*schment ow thiss *pick*tscha
verhaften: Sie haben ihn/sie verhaftet.	They've **arrested** him/her. thäiw är*ress*ted himm/höh
verheiratet: Sind Sie verheiratet?	Are you **married**? aah ju *märr*ied
Ich bin verheiratet.	I'm married. eim *märr*ied
Verhütungsmittel	a contraceptive ä kontra*sepp*tiw
verirren: Ich habe mich verirrt.	I've **lost** my **way.** eiw losst mei wäi
verkaufen	to sell tu sell
verkäuflich: Ist das verkäuflich?	Is that for sale is thätt for säil

Verkehrsmittel: öffentliche
Verkehrsmittel
→ Verkehrsmittel.

public **transport**
pabblick *trahns*port

Verkehrsmittel

Boot: Boote können für Fahrten auf den Inlandswasserwegen gemietet werden. Auch Rundtouren mit Hotelbooten werden angeboten. Fährverbindungen existieren zu den dem britischen Festland vorgelagerten Inseln und zum europäischen Festland.

Bus: Jede Ortschaft hat ihr Busnetz. Meistens muß man die Fahrkarte beim Fahrer kaufen. Sie sollten auf jeden Fall genügend Kleingeld bei sich haben, weil oft nicht gewechselt wird. Mit dem Fernbusnetz sind alle größeren Städte im Land zu erreichen. Die wichtigste Fernbusgesellschaft ist National Express (Zentrale: Victoria Coach Station, Buckingham Palace Road, London SW1; Tel. 01/730-0202).

Flugzeug: London ist mit Manchester, Edinburgh und Glasgow durch einen Pendelverkehr alle ein bis zwei Stunden ohne vorherige Buchung verbunden. Zahlreiche Verbindungen werden auch zwischen den anderen großen Flughäfen angeboten.

Taxi: Die nach besonderen Vorschriften angefertigten Londoner Taxis sind auch in einigen anderen Großstädten zu finden. Im restlichen Großbritannien werden normale Automodelle benutzt. Meist sind Taxistände vor Bahnhöfen und an verkehrsgünstigen Stellen. Bei gelb beleuchtetem »For Hire«-Schild ist ein Taxi frei.

U-Bahn: London hat die älteste U-Bahn (underground) der Welt. Zur Orientierung ist es ratsam, sich die beabsichtigte Fahrtrichtung einzuprägen und sich den Endbahnhof der Linie zu merken. In allen U-Bahn-Hallen und auf jedem Bahnsteig hängen Orientierungskarten; Taschenpläne sind kostenlos von den TICs, London Regional Transport-Büros und dem London Travel Centre erhältlich. Fahrkarten können am Schalter und an Automaten gelöst werden. Die Züge verkehren alle 3 bis 5 Minuten von 5.30-24.00 Uhr.

Zug: Das Inter-City-Netz bietet schnelle, häufige Verbindungen zwischen den Großstädten. Für Tagesausflüge von etwa 75 km lohnt es sich, verbilligte »cheap day returns« (nach 9.30 Uhr) zu kaufen; für längere Reisen, vor allem in der Wochenmitte, gibt es die »saver fares«. Man kann in einem der im ganzen Land an den größeren Bahnhöfen eingerichteten »Travel Centres« Sondertarife erfragen. Autoreisezüge verkehren von London (Euston Station) nach Edinburgh, Stirling, Aberdeen und Inverness, von Bristol nach Edinburgh und von London (Paddington Station) nach Penzance. Es ist ratsam, 28 Tage vor dem Reisetermin zu buchen, entweder über British Rail International Frankfurt oder per Post bei: British Rail Motorail Office, Euston Station, London NW1 1DF, oder Paddington Station, London W2 1HF.

→ Fahrzeugverleih, → Touristeninformation.

Verkehrsregel   a traffic regulation ä träffick regju*läi*schen

→ Verkehrsregeln.

Verkehrsregeln

Die Grundregel ist links fahren und rechts überholen. Das Tragen von Sicherheitsgurten ist gesetzlich vorgeschrieben. Kinder unter zwölf dürfen nicht auf dem vorderen Beifahrersitz transportiert werden. Für Motorradfahrer besteht Helmpflicht.
Folgende Geschwindigkeitsbegrenzungen gelten:
- 30 Meilen/Stunde (48 km/h) in Ortschaften
- 60 Meilen/Stunde (96 km/h) auf Landstraßen
- 70 Meilen/Stunde (112 km/h) auf Autobahnen und autobahnmäßig ausgebauten Schnellstraßen

Straßen ohne Vorfahrtsberechtigung werden entweder durch Schilder (»STOP« oder »GIVE WAY«) oder Straßenmarkierungen (bei Linie langsam heranfahren) gekennzeichnet. Wenn die Vorfahrt nicht gekennzeichnet ist, sind alle Verkehrsteilnehmer gleichberechtigt und müssen sich untereinander verständigen.

Im Kreisverkehr gilt Vorfahrt von links; wenn Sie den Kreis an der nächsten oder zweiten Ausfahrt verlassen wollen und die Straße entsprechend ausgebaut ist, benutzen Sie die linke Fahrspur; ansonsten benutzen Sie die rechte Spur.

Park- oder Halteverbote werden durch gelbe Markierungen am Fahrbahnrand angezeigt; in diesem Fall deuten Schilder auf die Dauer des Verbotes. Am Tag darf man auch entgegen der Fahrtrichtung parken. Eine weiße Doppellinie in der Straßenmitte bedeutet überholverbot. In geschlossenen Ortschaften gilt ein Hupverbot zwischen 23.00 und 7.00 Uhr.

Verkehrsschild	a road sign ä *rohd* sein
Verkehrsstau	a traffic jam ä *träff*ick dschämm
Verkehrsunfall	a road accidentä rohd *äck*sident
verkehrt: verkehrt herum	the wrong way round the rong wäi raund
Verkleinerung	a reduction ä ri*dack*schen
verlängern: Ich möchte meinen Aufenthalt verlängern.	I'd like to **extend** my stay. eid leik tu ick*stend mei stäi*
Verlängerungskabel	an extension lead änn ick*sten*schen lied
verlaufen: Ich habe mich verlaufen.	I've **lost** my **way.** eiw losst mei wäi
verletzt: Ich bin verletzt. Es gibt Verletzte.	I'm **injured.** eim *in*dsched People have been injured. pipl häw bien *in*dsched
verliebt	**in love** inn lahw

verlieren: Ich habe mein... verloren.
I've **lost** my...
eiw losst mei

verlobt: Ich bin verlobt.
I'm **engaged.** eim inn*gäi*dschd

vermieten: Vermieten Sie Zimmer?
Do you **let** rooms?
du ju lett ruhms

vermissen: ...als vermißt melden
to report...**missing**
tu ri*pohrt* ...*miss*ing

Ich vermisse dich.
I miss you. ei miss ju

Vermittlung
an exchange
änn icks*tschäint*sch

→ Telefonieren.

vermutlich
presumably pris*ju*mäbli

verpassen: Ich habe den Bus/Zug verpaßt.
I've **missed** the bus/train.
eiw misst the bass/träin

Verpflegung: Die Verpflegung ist gut/schlecht.
The food is good/bad.
the fuhd is gudd/bädd

verrechnen: Sie haben sich verrechnet!
You've **added** that **up wrong**.
juw ädded thätt app rong

verrückt
crazy *kräi*si

versalzen: Das ist versalzen.
It's **too salty.** itts tu *sol*ti

versäumen: Ich versäume noch meine Verabredung.
I'll **miss** my appointment.
eil miss mei *äppeunt*ment

verschieden
different *diff*rent

verschlafen: Ich habe verschlafen.
I **overslept.**
ei owa*sleppt*

verschließen
to **lock** tu lock

verschlossen: Die Tür ist verschlossen.
The door is **locked.**
the dor is lockt

verschmutzt
dirty *döh*ti

verschreiben: Können Sie mir etwas dagegen verschreiben?
Can you **prescribe** something against it? känn ju pre*skreib* sammthing egennst itt

verschwinden: Er/sie ist verschwunden.
He/she has **disappeared.**
hie/schie häs dissäp*pierd*

Versehen: Das ist ein Versehen.
That's a mistake.
thätts ä miss*täik*

versichert: Ich bin versichert.
I'm **insured.**
eim in*schurd*

Versicherung: Ist eine Versicherung dabei?
Is **insurance** included?
is in*schu*rens inn*klu*ded

Versicherungskarte: die grüne Versicherungskarte
the green **insurance card**
the grien in*schu*rens kahd

verspätet: Entschuldigung, ich habe mich verspätet.
Sorry for being **late.**
sorri for bieing läit

Verspätung: Der Zug hatte Verspätung.
The train was late.
the träin wos läit

Hat der Zug/die Maschine Verspätung?
Is the train/plane late?
is the träin/pläin läit

versprechen: Versprechen Sie mir das.
Promise me that.
*promm*iss mie thätt

verständigen: Verständigen Sie die Polizei!
Notify the police!
*noh*tifei the po*liess*

verstauchen: Ich habe mir die Hand/den Knöchel verstaucht.
I've **sprained** my hand/ankle.
eiw spräind mei händ/*än*kel

verstehen: Ich verstehe.
I **understand**. ei annda*ständ*
Verstehen Sie?
Do you understand? du ju annda*ständ*
Das verstehe ich nicht.
I don't understand. ei dohnt annda*ständ*

Versteigerung
an auction änn *ohrk*schen

verstopft: Der Abfluß ist verstopft.
The sink is **blocked**.
the sink is blockt

Verstopfung: Ich habe Verstopfung.
I'm **constipated**.
eim *konn*stipäited

versuchen: Kann ich es versuchen?
Can I try?
känn ei trei

vertauschen: Die Koffer sind vertauscht worden.
The cases have been **mixed up**.
the käisses häw bien mickst app

Verteiler (Auto)
a distributor ä diss*trib*juta

Vertrag
a contract ä *konn*träckt

vertrauen: Ich vertraue Ihnen.
I **trust** you. ei trasst ju

verwählen: Ich habe mich verwählt.
I've **dialled the wrong number**.
eiw deild the rong *namm*ba

Verwechslung: Das ist eine Verwechslung.
There's some **mistake**.
thers samm miss*täik*

verweigern: Ich verweigere die Aussage.
I **refuse** to make a statement.
ei ri*fjus* tu mäik ä *stäit*ment

verwenden
to use tu jus

verzählen: Sie haben sich verzählt!
You've **miscounted**.
juw miss*kaun*ted

Verzeihung!
Pardon me! pahden mie

verzollen: Ich habe nichts zu verzollen.
I've got nothing to **declare**.
eiw gott *nath*ing tu di*klär*

viel: viel Zeit
a lot of time ä lott ow teim
(nicht) viele Leute
(not) many people (nott) *männi pie*pel
viel teurer
much more expensive
matsch mohr icks*penn*siw
viel besser
much better matsch betta

vielleicht
perhaps *pö*häpps

Viertelstunde: in einer Viertelstunde
in **quarter of an hour**
inn kwohrta ow änn aua

Visitenkarte: Haben Sie eine Visitenkarte?
Do you have a **visiting card**?
du ju häw a *w*isitting kahd

Visum
a visa ä wisa

Vitamintabletten
vitamin pills *witt*aminn pills

Vogel
a bird a böhd

Volksfest
a fair ä fär

Volkstanz
a folk dance ä fohk dahns

voll	**full**	full
Vollbad	a proper bath	ä proppa bahth
Volleyball	volleyball	wollibohrl
völlig	**completely**	kommplietli
volljährig	of age	ow äidsch
Vollkaskoversicherung	comprehensive insurance	kommpriehenniw inschurens
Vollkornbrot	wholemeal bread	hohlmiel bredd
Vollmacht: Ich habe eine Vollmacht.	I have **authority**.	ei häw orthoritie
Vollpension: mit Vollpension	with **full board**	with full bord
Vollwertkost: Gibt es Vollwertkost?	Do you serve **health food?**	du ju söhw hellth fuhd
von: die Hauptstadt von	the capital **of**...	the käppitel ow
ein Freund von mir/uns	a friend of mine/ours	ä frend ow mein/auas
von hier zum Strand	**from** here to the beach	fromm hier tu the bietsch
vor: vor Jahren/einer Woche	years/a week **ago**	jiers/ä wiek agoh
vor der Tür	**in front of** the door	inn frannt ow the dor
voraus: im voraus	in **advance**	inn addwahns
voraussichtlich	**probably**	probbabli
Vorbehalt: mit Vorbehalt	with **reservations**	with resöhwäischens
vorbei: Ist es schon vorbei?	Is it already **over?**	is itt ohrlreddi owa
Ich komme vorbei.	I'll call in.	eil kohrl inn
vorbestellen	to book in advance	tu buck inn addwahns
Vorbeugung	prevention	priwennschen
Vorderseite	front	frannt
Vorfahrt: Ich habe Vorfahrt.	I've got the **right of way**.	eiw gott the reit ow wäi
Vorgesetzter: Ich möchte Ihren Vorgesetzten sprechen.	I'd like to talk to the **manager**.	eid leik tu tork tu the männädscha
vorgestern	the day before yesterday	the däi bifor jestadäi
vorhaben: Haben Sie/hast du heute schon etwas vor?	Have you **got** anything **planned** for today?	häw ju gott ännithing pländ for tudäi
vorher	**beforehand**.	biforhänd
vorig: im vorigen Jahr	**last** year	lahst jier
vorige Woche	last week	lahst wiek
vorläufig	**temporary**	temmperärri
vormerken: Merken Sie mich bitte vor.	I'd like to **reserve a seat.**	eid leik tu risöhw ä siet
Vormittag: heute/morgen Vormittag	this/tommorow **morning**	thiss/tumorro mohming
vormittags	in the morning	inn the mohming
Vorname: Mein Vorname ist...	My **first name** is...	mei föhst näim is

vorn(e) — **in front** inn frannt
vornehm: ein vornehmes Lokal — a **smart** restaurant ä smaht *ress*tronnt
Vorort — a suburb ä *sabb*öhb
vorrätig: Ist das vorrätig? — Do you have that **in stock**? du ju häw thätt inn stock

Vorschlag — a suggestion ä sa*dsches*tschen
Vorschrift: Ist das Vorschrift — Is that obligatory? is thätt ob*blig*ettri

Vorsicht! — Be careful! bie *käir*ful
Vorspeise — a starter ä *stah*ta
→ Speisekarte.
vorstellen: Darf ich...vorstellen? — May I **introduce**...? mäi ei inntro*djus*
Vorstellung: Welche Vorstellung läuft heute abend? — What **show** is on this evening? wott schoh is onn thiss *iew*ning
Vorteil — an advantage änn ädd*wahn*tidsch
Vorverkauf — advance ticket sales äddwahns *ticket* säils

Vorwahl: Wie ist die Vorwahl von...? — What's the **dialling code** for...? wotts the deiling kohd for
→ Telefonieren.
vorzüglich — excellent *eck*sellent
Wachtel — a quail ä kwäil
Wackelkontakt — a loose connection ä luhs kon*neck*schen

wackeln: Der Tisch wackelt. — The table **wobbles**. the täibl *wobb*els
Wade — a calf ä kahf
Wadenkrampf — a cramp in the calf ä krämp inn the kahf
Waffel: Eis in der Waffel — ice-cream in a **cornet** eis *kriem* inn ä *koh*mett

Wagen (Auto) — a **car** ä kaah
Wagenheber — a jack ä dschäck
Waggon: In welchem Waggon? — In which **carriage**? inn witch *kärr*idsch
wahr: Das ist nicht wahr. — That's not true. thätts nott truh
Das ist gut, nicht wahr? — It's good, **isn't it**? itts gudd isnt itt
während — during *dju*ring
Währung — a currency ä *kärr*ensi
Wahrzeichen: Was ist das Wahrzeichen dieser Stadt? — What's this town's most characteristic **feature**? wotts thiss tauns mohst kärrekte*riss*tick *fiet*scha

Wald: im Wald — in the **woods** inn the wudds
Wallfahrt — a pilgrimage ä *pill*grimidsch
Walnuß — a walnut ä *wol*natt
Walzer — a waltz ä wolls
Wand — a **wall** ä wohrl
wandern: Kann man hier wandern? — Can you **go hiking** here? känn ju go *hei*king hier
Wanderwege: Gibt es ein Ver- — Is there a list of **footpaths**?

101

German	English	Pronunciation

zeichnis der Wanderwege | is ther a list ow *futt*pahths
Wange | a **cheek** ä tchiek
wann: Seit/bis wann? | Since/by when? sinns/bei wenn
Wanze | a bug ä bag
war: ich/er/sie/es war | I/he/she/it **was** ei/hie/schie/itt wos
Sie waren/du warst/ihr wart | you **were** ju wöh
wir/sie waren | we/they were wie/thäi wöh
Warenhaus | a store ä stohr
warm: Es ist (nicht) warm. | It's (not) **warm**. itts (nott) wohrm
Wärmflasche | a hot-water bottle ä hott *wohr*ta bottel
Warmhalteplatte | a hot-plate ä *hott* pläit
Warnblinkanlage | hazard warning lights *hassed wohm*ing leits
Warndreieck | a warning triangle ä *wohm*ing *trei*änggel
Warnung | a warning ä *wohm*ing
warten: Warten Sie bitte. | Please wait. plies wäit
Ich warte auf Mick. | I'm waiting for Mick. eim *wäi*ting for mick
Muß ich/müssen wir lange warten? | Will I/we have to wait for long? will ei/wie häw tu wäit for long
Wartesaal/-zimmer | a waiting room ä *wäi*ting ruhm
warum: Warum (nicht)? | Why (not)? wei (nott)
was: Was ist das? | What is that?` wott is thätt
was für ein... | what a... wott ä
Was heißt das auf englisch? | What's that in english? wotts thätt in *ing*-glisch
waschbar: Ist das waschbar? | Is that **washable**? iss thätt *wosch*ebl
Waschbecken | a wash-basin ä *wosch* bäissen
Wäscheklammern | clothespegs *klohth*speggs
waschen: Wo kann ich... waschen? | Where can I wash...? wer känn ei wosch
Wo kann ich mich waschen? | Where can I wash? wer känn ei wosch
Waschen und legen! | Wash and set. wosch änd sett
Waschmaschine | a washing-machine ä *wosch*ing me*schien*
Waschmittel | a washing-powder ä *wosch*ing pauda
Waschraum | a washroom ä *wosch*ruhm
Waschsalon | a launderette ä lohrn*drett*
Wasser: Kann ich etwas Wasser haben? | Could I have some water? kudd ei häw samm *wohr*ta
Mein Zimmer steht unter Wasser. | My room is **flooded**. mei ruhm is fladded
wasserdicht: wasserdichte Uhr | a **waterproof** watch ä *wohr*tapruf wotsch
Wasserfall | a waterfall ä *wohr*tafohrl
Wassermelone | a water-melon ä *wohr*ta mellen
Wasserskilaufen | water-skiing *wohr*ta skiing

Watte — cotton wool kotten *wull*
Wechselgeld: Ich bekomme noch Wechselgeld. — I still get some **change.** ei still gett samm tschäintsch
Wechselkurs: Wie ist der Wechselkurs? — What's the **exchange rate**? wotts thi icks*tschäintsch* räit
wechseln: Können Sie das wechseln? — Can you **change** this? känn ju tschäintsch thiss
Wechselstube — a bureau de change ä bjuro de *schonsch*

wecken: Wecken Sie mich bitte um 7 Uhr! — Please **wake** me at seven. plies wäik mie ätt *sewwen*
Wecker — an alarm clock änn äl*ahm* klock

Weg — a path ä pahth
weg: Er/sie ist weg. — He's/she's **gone.** hies/schies gonn
wegen: wegen des Wetters — because of the weather bi*kohs* ow the *weth*a

wegfahren: Fahren Sie jetzt weg? — Are you going to **drive off**? aah ju going tu dreiw off
weggehen: Geh weg! — Go away! go ä*wäi*
Wegweiser — a sign ä sein
weh: Es tut (nicht) weh. — It **hurts** (doesn't hurt). itt höhts (daasnt höht)

Wehen: Geburtswehen — labour pains *läi*ba päins
weich — **soft** sofft
weichgekocht: ein weichgekochtes Ei — a **soft-boiled** egg ä *sofft* beuld egg
weigern: Ich weigere mich. — I **refuse.** ei ri*fjus*
Weiher — a pond ä pond
Weihnachten: Frohe Weihnachten! — Merry **Christmas**! merri *kriss*mess
weil — **because** bi*kos*
Wein: ein Glas/eine Flasche Wein — a glass/bottle of **wine** ä glahss/bottel ow wein
→ Getränkekarte.
Weinberg — a vineyard ä *winn*jahd
Weinbergschnecken — snails snäils
Weinbrand — a brandy ä *bränn*di
weinen — to **cry** tu krei
Weintrauben — grapes gräips
Weisheitszahn — a wisdom tooth ä *wis*dem tuth
weiß — **white** weit
Weißwein — a white wine ä weit wein
weit: Wie weit ist es (noch)? — How far is it (still)? hau fah is itt (still)
weiter: 1 km weiter — 1 km further wann kil*ome*tta *föh*tha
  weiter vorn — further on *föh*tha onn
  weiter hinten — further back *föh*tha bäck

Machen Sie weiter.	Carry on. kärri onn
weiterreisen: Ich reise/wir reisen morgen weiter.	I'm/we're **travelling on** tomorrow. eim/wier *träw*weling onn tu*morro*
weitsichtig: Ich bin weitsichtig.	I'm **far-sighted.** eim fah *sei*ted
Weizen	wheat wiet
welche(r,s): Welches Auto?	**Which** car? witch kaah
Welche Nummer?	Which number? witch *namm*ba
Welcher Bus/Flug?	Which bus/flight? witch bass/fleit
Welt: auf der Welt	in the world inn the wöhld
weltweit	worldwide wöhld*weid*
wem: Wem gehört das?	Who does that belong to? hu daas thätt bi*long* tu
wen: Wen meinen Sie?	Who do you mean? hu du ju mien
wenden	to turn tu töhn
wenig: bitte noch ein wenig	a little more please ä littl mohr plies
nur ganz wenig für mich	just very little for me dschasst werri littl for mie
wenige Kilometer von hier	a few kilometres from here ä fju kil*ome*ttas fromm hier
in wenigen Tagen	in a few days inn ä fju däis
weniger	less less
wenn: wenn es regnet	if it rains iff itt räins
wenn es schön ist	if it's fine iff itts fein
wer: Wer ist das?	Who is that? hu is *thätt*
Wer ist da?	Who is there? hu is *ther*
werden: Es wird regnen.	It's going to **rain.** itts going tu räin
Wirst auch du da sein?	Will you also be there? will ju *ohr*lso bie ther
werfen	to throw tu thro
Werkstatt: Wo ist die nächste Autowerkstatt?	Where's the nearest **garage**? wers the *nie*rest gä*radsch*
Werktag	a workday ä *wöhk*däi
Werkzeug	a tool ä tuhl
wert: Das ist es (nicht) wert.	That's (not) worth it. thätts (nott) wöhth itt.
Wertsachen	valuables *wäl*jubls
wertvoll	valuable *wäl*jubl
weshalb	why wei
Wespe	a wasp ä wosp
wessen: Wessen Auto ist das?	Whose car is that? huhs kaah is thätt
Westen: Im Westen (von)	in the **west (of)** inn the west (ow)
westlich von	west of west ow
wetten	to bet tu bett
Wetter	**weather** *wetha*
Wetterbericht: Was sagt der Wetterbericht?	What's the **weather report** like? wotts the *wetha* ri*pohrt* leik
Wettkampf	a competition ä komm*pe*ti*schen*

wichtig: Es ist (sehr) wichtig.	It's (very) **important**.
	itts (werri) imm*pohr*tent
Wickelraum	a mother's room ä *math*as ruhm
wie: Wie bitte?	Pardon? pah*den*
Wie geht's?	**How** are you? hau aah ju
Wie dieser?	Like this one? leik thiss wann
Wie weit/lange/oft?	How far/long/often? hau fah/long/often
wieder	again e*genn*
Wiedergutmachung	compensation kommpen*sä*ischen
wiederhaben: Kann ich mein Geld wiederhaben?	Can I **have** my money **back**? känn ei häw mei *mann*i bäck
wiederholen: Wiederholen Sie den Satz bitte!	Please **repeat** the sentence plies ri*piet* the *senn*tens
wiedersehen: Auf Wiedersehen!	Goodbye. gudd*bei*
Wann sehen wir uns wieder?	When will we **see** each other **again**? wenn will wie sie ietsch atha e*genn*
wiegen: Wiegen Sie das bitte!	Please **weigh** this. plies wäi thiss
Wiese	a meadow ä *medd*oh
wieviel: wieviele	**how many** hau *männ*i
Wieviel kostet das?	**How much** does that cost? hau matsch daas thätt kosst
Wild	game gäim
Wildleder	suede swäid
Willkommen: Herzlich Willkommen!	Welcome! *well*kam
Wimperntusche	mascara mäss*kah*ra
Wind	a **wind** ä wind
Windel	a nappy ä *näpp*i
windig: Es ist (sehr) windig.	It's (very) **windy**. itts (werri) *wind*i
Windpocken	chicken-pox *tschik*en pocks
Windschutzscheibe	a windscreen ä *wind*skrien
Windsurfen	wind-surfing wind *söhf*ing
Winter	a winter ä *wint*a
wir: wir sind/haben	we are/have wie aah/häw
Müssen wir?	Must we? masst wie
Wirbelsäule	a spinal column ä speinel *koll*em
wirklich	**really** *riä*li
Wirkung: ohne Wirkung bleiben	to have no **effect** tu häw no ef*fekt*
Wirt	a landlord ä *länd*lohrd
Wirtschaft	a pub ä pabb
wissen: Ich weiß es nicht.	I don't **know**. ei dohnt noh
Wissen Sie...?	Do you know...? du ju noh
Witterung	weather *weth*a
wo: Wo ist/sind...?	**Where** is/are...? wer is/aah
Wo gibt es...?	Where is there...? wer is ther
Wo liegt das?	Where is that? wer is thätt
woanders: Gehen wir woanders hin!	Let's go **somewhere else.** letts go sammwer *ells*

Woche: heute/morgen in einer Woche
today/tomorrow **week** tu*däi*/tu*morro* wiek

letzte/nächste Woche
last/next week lahst/neckst wiek

Wochenende: am Wochenende
at the **weekend** ät the wiek*end*

wöchentlich
weekly *wiek*li

wofür: Wofür ist das?
What is that for? wott is thätt for

woher: Woher kommen Sie/kommst du?
Where do you come from? wer du ju kamm fromm

wohin: Wohin gehen Sie/gehst du?
Where are you going to? wer aah ju going tu

Wohl: Zum Wohl!
To your **health**! tu jur hellth

wohl: Ich fühle mich nicht wohl.
I don't feel well. ei dohnt fiel well

wohnen: Ich wohne in München.
I **live** in Munich. ei liw inn mjunick

Ich wohne im Hotel...
I'm **staying** in the Hotel... eim *stäi*ing in the ho*tell*

Wo wohnen Sie/wohnst du?
Where do you live? wer du ju liw

Wohnmobil
a motor caravan ä *mo*ta *kärr*ewänn

Wohnung
a flat ä flätt

Wohnwagen
a caravan ä *kärr*ewänn

Wolke
a cloud ä klaud

Wolle
a wool ä wull

wollen: ich will/du willst/er/sie/es will
I/you want ei/ju wonnt
he/she/it wants hie/schie/itt wonnts

wir wollen/ihr wollt
we/you want wie/ju wonnt

sie wollen/Sie wollen
they/you want thäi/ju wonnt

womit
with what with wott

Wort
a **word** ä wöhd

Wörterbuch
a dictionary ä *dick*schenäri

wozu: Wozu willst du das?
What do you want that for? wott du ju wonnt thätt for

Wucher: Das ist Wucher!
That's daylight robbery! thätts *däi*leit *robb*eri

Wunde
a wound ä wuhnd

wunderbar
wonderful *wann*dafull

Wundsalbe
an ointment änn *eunt*ment

Wundstarrkrampf
tetanus *tett*enass

wünschen: Ich wünsche mir...
I wish for... ei wisch for

Würfel: Würfel spielen
to play **dice** tu pläi deiss

Wurst
a sausage ä *soss*edsch

wütend: Ich bin wütend!
I'm **furious**! eim *fju*riäss

Yacht
a yacht ä jott

zäh: Das Fleisch ist zäh.
The meat is **tough**. the miet is taff

Zahl
a number ä *namm*ba

→ Anhang, Zahlen.

zahlen: Zahlen, bitte!
Could I have the bill please. kudd ei häw the bill plies

106

Zähler: Stellen Sie den Zähler auf Null. — Set the **meter** to zero. sett the *mieta* tu *siero*

Zahn — a **tooth** ä tuth

Zahnarzt — a dentist ä *denn*tist
→ Ärztliche Versorgung.

Zahnbürste — a toothbrush ä *tuth*brasch

Zahnfleischentzündung — an inflammation of the gums änn innfle*mäi*schen ow the gamms

Zahnpasta — a toothpaste ä *tuth*päist

Zahnschmerzen: Ich habe Zahnschmerzen. — I've got **toothache**. eiw gott *tuth*äik

Zahnseide — dental floss *denn*tel *floss*

Zahnstocher — a toothpick ä *tuth*pick

Zange — pliers *plei*as

Zäpfchen — a suppository ä sa*po*sittri

zart: Das Fleisch ist zart. — The meat is tender. the miet is *tenn*da

Zaun — a fence ä fenss

Zecke — a tick ä tick

Zehe — a **toe** ä toh

Zeichen: Der Fahrer hat ein/kein Zeichen gegeben. — The driver **indicated**/didn't indicate. the dreiwa *inn*dikäited/didnt *inn*dikäit

Zeichenblock — a drawing pad ä *drohr*ing pädd

zeichnen: Zeichnen Sie mir das auf? — Will you **draw** that for me? will ju drohr thätt for mie

zeigen: Zeigen Sie mir... — Show me... schoh mie.

Zeit: Ich habe keine Zeit. — I've got no **time**. eiw gott no teim

zeitig — early *öhr*li

Zeitplan — a schedule ä *sked*jul

Zeitschrift — a magazine ä mäge*sien*

Zeitung: Haben Sie deutsche/schweizerische/österreichische Zeitungen? — Do you have German/Swiss/Austrian **newspapers**? du ju häw *dschöh*men/swiss/*ohss*trään *njus*päipas

Zelt — a tent ä tent

zelten: Können wir hier zelten? — Can we **camp** here? känn wie kämmp hier

Zeltplatz — a campsite ä *kämmp*seit

Zentimeter — a centimetre ä *senn*timieta
→ Anhang, Maße und Gewichte.

Zentner — a hundredweight ä *hann*dredwäit
→ Anhang, Maße und Gewichte.

zentral — central *sen*trel

Zentralheizung: mit Zentralheizung — with **central heating** with sentrel *hie*ting

Zentrum: im/ins Zentrum — in/to the centre inn/tu the *sen*ta

zerbrechlich — fragile *fräd*scheil

Zettel — a note ä noht

Zeuge: Stellen Sie sich als Zeuge zur Verfügung? — Are you willing to testify as a **witness**? aah ju willing tu *tess*tifei äs ä *wit*ness

Ziege	a goat ä goht
Ziegenkäse	goat's cheese gohts tchies
ziehen: Es zieht.	It's draughty. itts *draht*i
ziemlich: ziemlich viel	quite a lot kweit ä lott
ziemlich wenig	fairly few *fäir*li fju
Zigaretten: milde/starke Zigaretten (mit/ohne Filter)	mild/strong **cigarettes** (with/without filters) meild/strong siga*retts* (with/withaut *fil*tas
Zigarre	a cigar ä si*gah*
Zimmer: Wo gibt es noch ein Zimmer?	Where is there another room? wer is ther e*natha ruhm*
Haben Sie ein Zimmer mit Dusche/Bad frei?	Have you got a room with a shower/bath free? häw ju gott a ruhm with ä schaua/bahth frie
Ich möchte ein Einzel-/Doppelzimmer.	I'd like a single/double room eid leik ä sing-gl/dabbl ruhm
→ Unterkunft	
Zimmermädchen	a chambermaid ä *tschäim*bamäid
Zimmernummer	a room number ä ruhm *namm*ba
Zimmerservice	room-service ruhm *söh*wiss
Zimt	cinnamon *sinn*emenn
Zirkus	a circus ä *söh*kess
Zitrone	a lemon ä *lemm*en
Zitronensaft	lemon juice *lemm*en dschuhss
Zoll	customs kass*tems*
zollfrei	duty-free djuti *frie*
zollpflichtig	excisable *eck*seisebel
Zoo	a zoo ä suh
zu: zu Fuß	on foot onn futt
zu Weihnachten	at Christmas ätt *kriss*mess
Die Tür ist zu.	The door is shut. the dor is schatt
Das ist zu teuer.	That's too dear. thätts tu diea
zum ersten Mal	for the first time for the föhst teim
zum Bahnhof	to the station tu the *stä*schen
zum Frühstück	for breakfast for *breck*fest
Zucker	sugar *schug*ga
zuckerkrank	diabetic deia*bett*ick
zuerst	first föhst
zufällig	by chance bei tschahns
Zug: Welcher Zug fährt nach Norwich?	Which train goes to Norwich? witch träin gos tu *nor*ritsch
→ Verkehrsmittel	
zu Hause	at home ätt hohm
zuhören: Hören Sie zu!	Listen! *liss*en
Zukunft: in Zukunft	in future inn *fjut*scha
zulassen: Lassen Sie das Fenster zu!	Leave the window shut. liew the *winn*doh schatt
zumachen: Wann machen Sie zu?	When do you close? wenn du ju klohs